少年探索·发现系列

探索奥秘世界　发现未解之谜

最不可思议的
军事
未解之谜

总策划／邢涛　主编／龚勋

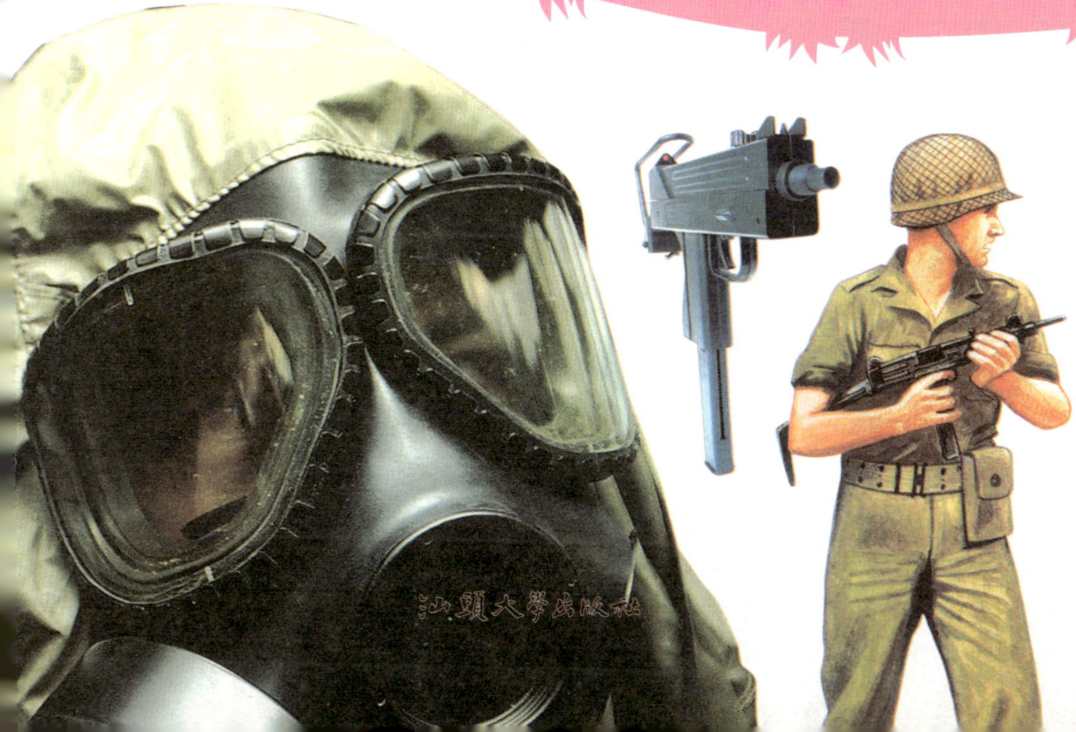

汕头大学出版社

前言 Foreword

  纵观人类历史发展的各个阶段，军事活动无不分布其间，扮演着推动历史进程的重要角色。认识和探讨这些军事活动中的故事，可以帮助我们更好地了解过去，明辨是非。在纷繁复杂的军事史上，总有一些悬案困扰着人们，令人百思不得其解，却又激发着人们的探索热情。

  基于此，我们精心编写了这本《最不可思议的军事未解之谜》。本书以生动客观的语言讲述了人类历史上种种令人匪夷所思的军事奇闻，我们将这些奇闻分为复杂难解的军事事件、千奇百怪的军事装备、经历离奇的军事名人三部分。其中每一部分精心梳理出世界军事史上最令人好奇的未解之谜。在本书中，我们带你一同走进强大的古罗马帝国、探寻第二次世界大战时种种不为人知的内幕、思索中华上下五千年的荣辱与兴衰……同时，本书中还设置了与内容紧密相关的军事方面的小知识，使读者在阅读的过程中能开阔视野，扩大知识储备。此外，本书配有大量精美的图片，将诸多著名战争与离奇事件生动地再现于读者面前。

  希望广大读者能通过本书以全新的角度分析历史，看待世界，并培养出善于钻研、勇于探索的可贵精神。

探秘古今中外军事珍闻！！

目录 CONTENTS

第一章 1~78
复杂难解的军事事件

- 2　令人惊悚的史前核大战
- 4　特洛伊战争的真实性
- 6　各执一词的卡迭石大战
- 8　马拉松战役何时爆发
- 10　伯罗奔尼撒战争之谜
- 12　古罗马突变作战方式之谜
- 13　莫名撤兵的埃及艳后
- 14　古罗马帝国覆亡之谜
- 16　十字军东征的真实原因
- 18　无敌舰队覆灭的真相
- 20　探寻北美独立战争的开端
- 22　荒诞的华盛顿失守战役
- 23　吞并夏威夷的幕后黑手
- 24　惨败滑铁卢的诱因
- 26　希特勒为何要血洗冲锋队
- 28　西班牙中立的内因
- 29　从天而降的德军尖端机密
- 30　揭开日本间谍的神秘面纱
- 31　"停止前进"的下令者
- 32　珍珠港事件背后的阴谋
- 34　难以查实的盟军泄密传言
- 35　轻取西西里岛之谜
- 36　广告与珍珠港遭袭的巧合
- 37　杀害波兰战俘的真凶
- 38　中途岛海战之谜
- 40　有负使命的索命炸弹
- 41　"三巨头"险遭杀身之祸
- 42　攻克柏林之谜
- 43　希特勒的"最后部队"
- 44　意大利战犯的莫名被释
- 45　消失的隆美尔财宝

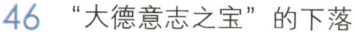

- 46 "大德意志之宝"的下落
- 47 瑞士银行洗钱之谜
- 48 神秘失踪的纳粹战犯
- 50 探察猪湾事件内幕
- 51 古巴导弹危机谜案
- 52 "老虎部队"是否杀人如麻
- 54 探寻中国最早的军队
- 55 军法诞生日之谜
- 56 武王伐纣究竟在何时
- 58 找寻牧野之战战场
- 59 寻找威名久驻的孙武校场
- 60 追查赵军的人数
- 61 秦兵马俑坑被何人所焚

- 72 陈桥兵变是蓄谋还是被迫
- 74 成吉思汗因何不攻印度
- 76 莫名覆没的北洋水师
- 77 火烧圆明园的内幕
- 78 神秘消失的国民党军队

第二章 79~104
千奇百怪的军事装备

- 62 秦朝十二铜人之谜
- 64 千古谜团鸿门宴
- 66 探寻赤壁之战的真相
- 68 神秘莫测的"八阵图"
- 70 疑窦丛生的玄武门之变
- 71 唐朝藩镇割据是如何形成的

- 80 汉尼拔驱象上战场之谜
- 81 亚述攻城机的真面目
- 82 "俾斯麦号"沉没之谜
- 84 莫名起火的"诺曼底号"
- 85 纳粹的原子弹之谜
- 86 难寻踪迹的"幽灵潜艇"
- 88 "阿波丸号"沉没的真相
- 89 离奇失踪的原子弹
- 90 U-2飞机被击落之谜
- 92 莫名外飞的伊拉克战机
- 93 解密美国太空秘密武器
- 94 "库尔斯克号"失事之谜
- 96 中国的剑出现于何时

97 弓是由何人发明的	121 诡异的富克斯间谍案
98 秦兵器制作工艺之谜	122 难测真身的女尸
99 秦始皇的神秘兵器	124 勾践真曾卧薪尝胆吗
100 越王勾践剑的离奇入楚	126 探寻《孙子兵法》的作者
101 古代驱兽作战之谜	127 马陵之战的主帅是谁
102 致命的金兀术"拐子马"	128 千古悬疑的秦始皇之死
103 解析古老的霹雳炮	129 起义领袖吴广猝死之谜
104 "致远号"沉没之谜	130 项羽因何不肯过江东
	132 韩信谋反之谜
	133 诸葛亮用过空城计吗
	134 晋阳起兵的主谋是谁
	135 屈底波是否侵入过中国

第三章 105~153
经历离奇的军事名人

	136 马嵬兵变的主谋
	137 解密真实的花木兰
	138 杨宗保身世之谜
106 死因不明的波斯王	139 宋江被招安的真相
108 亚历山大大帝是否因病而亡	140 岳飞被害与墓址之谜
109 埃及艳后的香消玉殒	142 石达开因何兵败大渡河
110 圣女贞德是否火中逃生	143 探究明太子的命运
112 拿破仑死因之谜	144 吴三桂降清之谜
113 未能获救的沙皇	146 下落不明的闯王
114 谁击落了日军司令座机	147 年羹尧因何被杀
116 处决墨索里尼的幕后人	148 真假难辨的李秀成降书
117 真真假假蒙哥马利	150 说法不一的洪秀全之死
118 罗斯福曾精神错乱吗	151 邓世昌的殉职过程
119 日本天皇因何能逍遥法外	152 谁暗杀了吴禄贞
120 巴顿将军车祸之谜	153 军阀吴佩孚猝死之谜

[第一章]

复杂难解的军事事件

每一场战争都有着错综复杂的过程和众多未记入史册的内幕,这令后人对军事战争中种种扑朔迷离的异象百思不得其解。一代代学者通过研究史书、文物、天文等不遗余力地探讨着军事事件中的每一个细节,试图为我们还原最真实的历史。但无数的离奇事件仍隐藏在重重迷雾中:荷马史诗中所描述的特洛伊战争是否属实?强大的古罗马帝国因何覆灭?杀机重重的鸿门宴上,刘邦怎能脱身?……翻开本章,让我们一同来探索答案。

令人惊悚的史前核大战

史前人类已经掌握了核技术吗？
古印度真的发生过大规模的核战吗？

古印度文明博大精深。其中，著名的印度古诗《摩诃婆罗多》便是古印度文明史中的一颗明珠。《摩诃婆罗多》大约成书于公元纪年之后，对公元纪年之前数千年里发生的事件有所记录。书中记载，在史前时期的恒河上游，费里希尼人和安哈卡人之间曾发生过两次大规模的战争。书中对第一次战争的描述是这样的："……发射了'阿格尼亚'……这种武器发出可怕的灼热，在广大地域内，动物灼毙变形，河水沸腾，鱼虾等全部被烫死。"不仅如此，古诗对第二次战争的描述更令人难以置信："……向敌方三个城市发射了一枚飞弹。此飞弹似有整个宇宙的力量，亮度犹如万个太阳，烟火柱升入天空。敌人的尸体被烧得无可辨认，飞翔的鸟类被高温灼焦。"

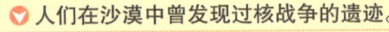
▼ 人们在沙漠中曾发现过核战争的遗迹。

最不可思议的军事未解之谜

▲ 古印度人真的发明了核武器吗？

从古诗的描述来看，这种情景与原子弹爆炸时的情景极为相似。难道在6000多年前，人类就已经掌握了复杂的核技术并将其用于战争了吗？这似乎是天方夜谭。然而，一些考古学家的发现却开始倾向于证实核战争确曾爆发过。1922年，考古学家在印度信德地区的摩亨佐达罗发现了一些蛛丝马迹。摩亨佐达罗是一座至少有5000年历史的城市，在城市废墟里，人们发现了成排倒地死去的人，这些人用双手盖住脸，好像在保护自己，又仿佛看到了可怕的事。可以肯定，这些人都是在突如其来的变故中死去的，这座古城当时一定发生了异常事件。印度考古学家对出土的人骨进行了化学分析后说："9具白骨中，均发现有高温加热的痕迹。"此外，古城的许多坍塌建筑物上发现了由于瞬间的高温而熔化又迅速冷却形成的物质。今天，人们只在热核武器爆炸现场发现过这些人为的物质。这些证据似乎在证明，这里确实发生过核爆炸。

但从科学的角度分析，当时的人类处于科技落后的原始时期，拥有核武器是不可能的。而且，《摩诃婆罗多》是在古代战争发生后3000多年创作的，记载的内容可能含有虚构的成分。事实究竟是怎样的呢？我们不得而知。

▼ 原子弹爆炸时的情景

军事档案

《摩诃婆罗多》

《摩诃婆罗多》是体现古印度文明的代表著作，记载了印度古代的文化与历史，内容包括政治、军事、外交、伦理、哲学等方面，是一部古代印度的百科全书。

特洛伊战争的真实性

特洛伊战争真的发生过吗?
荷马的两大传奇史诗中的故事是虚构的吗?

大约在公元前13世纪,古希腊的斯巴达出了一位名叫海伦的美女,她被认为是全希腊各城邦最美丽的女子。到了适婚年龄后,海伦嫁给了斯巴达王墨涅拉俄斯。不久后,小亚细亚特洛伊王国的王子帕里斯出访希腊,与海伦一见钟情,将海伦带回了特洛伊。墨涅拉俄斯知道后怒发冲冠,发动了著名的特洛伊战争。

◎ 海伦头像

虽然特洛伊战争只记载于诗人荷马的《伊利亚特》和《奥德赛》这两部史诗中,但从公元前5世纪至公元前4世纪上半叶,希腊人都对史诗中的记载深信不疑,认为那是他们早期的一段历史。后来的罗马人对此也毫不怀疑,他们称特洛伊为伊尔昂,并在小亚细亚北部新建了一座名叫新伊尔昂(新特洛伊)的城市。

但自从18世纪开始,学者们对此战提出了质疑,认为特洛伊战争并没有真正发生过,甚至有一些人怀疑古希腊诗人荷马的存在,认为荷马实际是众多诗人组成的一个

◎ 史诗中描述的激烈战斗场面真的发生过吗?

最不可思议的军事未解之谜

群体。他们认为特洛伊城只是文学作品虚构的，因而特洛伊战争也是虚构的。

历史在不断向前发展，人们对于历史的看法也在不断改变。19世纪中叶以来，考古工作取得了重大突破。考古学家在今土耳其的北部发现了一处城市遗址，遗址中有大量如火灾残迹、骨骸以及散置的投石器弹丸等遗迹。部分考古学家认为这就是特洛伊城的遗址。他们对遗迹研究后得出结论：青铜时代后期的特洛伊曾与别的城邦有过几次冲突，而发生的时间正好和特洛伊战争所爆发的时代相吻合，因而特洛伊战争是真实存在的。

但我们还不能确定这几次冲突就是荷马吟唱的特洛伊战争的原型。历史上是不是真的发生了一场值得后人永远追忆的特洛伊战争呢？这至今仍然是一个未解之谜。

▶ 据说，特洛伊战争中希腊人使用了木马计。

军事档案 Military

特洛伊战争中的木马计

据荷马史诗记载，希腊人围攻特洛伊城时制造了一个巨大的木马，里面装满兵士。特洛伊人将木马作为战利品拖进城里。夜间，藏身于木马里的希腊人跳出木马，打开城门，将希腊军队放进城内。特洛伊城失陷。

各执一词的卡迭石大战

卡迭石大战发生在哪两个国家之间?
卡迭石大战的胜利者究竟是哪一方?

公元前1700年,来自黑海以北地区的赫梯人建立了自己的国家。之后,他们开始不断向外扩张。公元前16世纪时,赫梯人攻陷了巴比伦帝国的首都巴比伦城,洗劫了这座当时世界上最为繁华的城市。公元前15世纪,赫梯人又攻占了叙利亚和巴勒斯坦。到公元前13世纪时,为了争夺中东地区的地盘,赫梯人步步紧逼驻扎于西亚的埃及军队。

▲ 赫梯战士头像

赫梯人的这些行为严重威胁了埃及的霸权地位。当时的埃及正处于拉美西斯二世统治下的第十九王朝,帝国的疆域已扩展到西亚的巴勒斯坦和叙利亚一带。埃及从古王国时代就发动过对叙利亚和巴勒斯坦的侵略战争,从那里掠夺了许多人民充当他们的奴隶。进入新

◀ 卡迭石大战

军事档案 Military

银板和约

公元前1284年,赫梯国王与埃及法老决定终止战争。赫梯国王将写在银板上的和议草案寄送至埃及。和约中有双方实现永久和平,实行军事互助等约定。银板和约是世界上最早的和平条约。

最不可思议的**军事**未解之谜

▲ 停战后,赫梯与埃及联姻。

王国时期,埃及的对外扩张达到了空前的规模。在这样的历史条件下,赫梯人的南侵令两国间的战争不可避免地爆发了。

经过5年的准备,拉美西斯二世率领3500辆战车和近4万名战士,准备全力夺取赫梯在叙利亚的主要基地和军事要塞——奥伦河畔的卡迭石。赫梯人奋力抵抗,同对方展开了激烈的战斗。由于拉美西斯二世的军队占有数量上的优势,并且训练有素,因此虽意外被包围却仍与对方势均力敌,经过数场战役仍未分胜负。赫梯军退守要塞,拉美西斯二世亦无力夺取要塞,只好返回埃及。

这场战争中,双方均损失惨重。但是,赫梯与埃及的争霸并没有完结,战争又持续了16年。这场大战是古代军事史上有文字记载的最早的会战之一。

卡迭石大战中,胜利到底属于谁,说法不一。埃及的铭文说胜利属于拉美西斯二世,赫梯的铭文则说这场战役是埃及的巨大失败。也有人说在这场战役的最后,并无一方取得决定性的胜利。尽管在埃及阿蒙神庙废墟的墙壁上,绘有拉美西斯二世的巨大的庆祝胜利的浮雕,但在赫梯人的编年史和楔形文字泥板中,也记载着赫梯国王是最终的胜利者,并说因为卡迭石大战,赫梯巩固了在叙利亚的统治地位。各执一词的历史记录为卡迭石大战的结局蒙上了一层千古不散的迷雾。

▲ 赫梯银制印章

7

马拉松战役何时爆发

马拉松战役爆发时间为何会有异议?
马拉松战役发生在炎热的8月吗?

公元前6世纪,希腊城邦国家已经最后形成并蓬勃发展。与此同时,位于亚洲的波斯不断扩张,并把侵略的矛头指向了希腊。希腊各城邦国家奋起反抗,希波战争由此爆发。

▲ 希腊武士与波斯武士厮杀。

在希波战争中,雅典军队与波斯军队于公元前490年在马拉松平原进行了一次战役。波斯将领达提斯和阿塔非尼斯率领2万余人的强大舰队,在雅典城东北约40千米的马拉松平原登陆,发动了对雅典的战争。雅典全城紧急动员,组成约1万人的重装步兵部队赶赴马拉松。

在敌强我弱的形势下,雅典军队凭借惊人的勇气和保卫自由的信念,最终战胜了敌人。波斯人在丢下了6400具尸体和7条战船后,狼狈逃走。

军事档案 Military

马拉松赛跑

马拉松之战告捷后,由于雅典军队的车马在战争中全部损毁,将军只得派擅长跑步的菲迪皮茨回雅典报信。他跑到雅典中央广场,报信后便倒地牺牲。为纪念他,人们设立了马拉松长跑,并将距离定为42195米,这正是菲迪皮茨从马拉松跑到雅典的距离。

马拉松战役早已落幕,而马拉松战役发生的具体时间,却成为军事学家一直争论的焦点。几千年来,人们普遍接受的是19世纪德国学者巴克用推算法演算出的时间,他认为马拉松战役发生在公元前490年9月12日。

⊙ 马拉松之战中，雅典与波斯军队展开了夺取军舰的战斗。

　　但最近美国得克萨斯州立大学天文学家公布了一项新的研究报告，称马拉松战争可能发生在希腊赤日炎炎的8月，而不是相对较为凉爽的9月。

　　美国得克萨斯州立大学天文学家拉塞尔·杜彻等人认为，巴克没有把雅典历法与斯巴达历法的不同之处考虑在内，因而得出的时间有误差。杜彻指出，尽管雅典历法与斯巴达历法都是基于太阳周期的，但是二者的起始时间不一样：雅典人把夏至日作为一年的开始，而斯巴达人则把秋分视为一年的开始。从公元前491年到公元前490年一共有10个新月，而从公元前491年秋分到公元前490年夏至共有9个新月，因此这两种历法正好相差一个月。他由此推算出马拉松之战发生的日期应当是8月12日。

　　上述两种说法到底该以哪个为准呢？我们希望在不久的将来，会有一个确切的答案。

◁ 战争胜利后，菲迪皮茨跑回雅典报信。

少年探索·发现系列

伯罗奔尼撒战争之谜

伯罗奔尼撒战争因何而起？
科林斯是伯罗奔尼撒战争的导火索吗？

公元前400多年左右，古希腊城邦内分为两大派，一派是以雅典为首的提洛同盟，另一派是以斯巴达为首的伯罗奔尼撒同盟。两大同盟都想打

◎ 伯罗奔尼撒战争令希腊各城邦伤亡惨重。

败对方。雅典成为海上强国以后，一直威胁着斯巴达，它企图控制从东方到西方所有的贸易通路，还想把盛产粮食的西西里岛夺过来。斯巴达也不肯让步，和同盟国做好了准备，要和雅典争夺霸主地位。就这样，一场大战终于爆发了。这场战争从公元前431年持续到公元前404年，共经历了27年。战争是以斯巴达为首的伯罗奔尼撒同盟的进攻开始的，因此被称为伯罗奔尼撒战争。伯罗奔尼撒战争最后以雅典的失败而告终。从此，整个希腊城邦走向衰落。

虽然伯罗奔尼撒战争已过去2400多年，但学者们对这场战争的看法和评价分歧仍然很大。尤其是对伯罗奔尼撒战争的起因问题，至今仍存在多种观点。有的学者认为是经济原因导致了战争爆发。以公元前5世纪古希腊历史学家修昔底德为代表，他所著的《伯罗奔尼撒战争

军事档案 Military

斯巴达人的政治制度

斯巴达人实行"二王制"，即同时有两个国王，一个充任统帅，一个留守国内。斯巴达还设有由30个人组成的"长老会议"。其中有5个执政官协助国王处理日常政务，但一切重大事务均由长老会议做出决定。

◀ 雅典人的政治生活

最不可思议的**军事未解之谜**

▶ 古希腊陶罐

史》认为：雅典势力的扩张，令斯巴达的重要同盟者科林斯与雅典的矛盾升级。这在导致战争爆发的过程中发挥了重要作用。学术界也曾普遍认为，战争主要源于科林斯与雅典的商业竞争，源于科林斯惧怕雅典向西方进行商业扩张。

此外，有的学者从政治体制方面剖析，认为"民主"的雅典与"专制"的斯巴达，是由于政治体制和理念上的不相容忍、不可调和而发生战争的。雅典的民主派憎恨斯巴达的军事贵族独裁统治，支持斯巴达国内反抗贵族的势力。斯巴达的贵族则厌恶雅典的民主制度，也帮助雅典贵族派进行反对民主派的斗争，战争因此而起。

伯罗奔尼撒战争的起因是复杂难解的，但不论战争的起因是什么，其所带来的结果却是肯定的，那就是希腊文明的就此衰落与历史的沉痛叹息。

▶ 古希腊帕提侬神庙

少年探索·发现系列

古罗马突变作战方式之谜

古罗马军队原有作战形式是怎样的？
古罗马军队为何要突变作战方式？

古罗马在从崛起到强盛的过程中，经历了多年的战争，这使其渐渐组织起一支强大的军队，这支军队最初使用沿袭希腊风格的重甲方阵形式作战。这种方阵通常由10个大队组成，部署在防御阵地的后面，其中3个大队朝正面，7个大队分别朝着其余3个方向。但是在公元前4世纪初，一种全新的军团作战体制取代了这种方阵，成为一种新的、更为灵活的作战方式。新的军团作战体制中，所有罗马士兵组成三个横队，使用一种叫作"皮鲁姆"的重标枪，这种武器能干扰敌方军阵的行动。但令人不解的是，深受希腊风格的重甲方阵影响的罗马军队为何能很快突破旧有的作战方式？新作战方式的发明者是谁？他又是怎样使罗马元老院接受新的作战方式的呢？这些谜题至今都未找到答案。

古罗马城遗址

古罗马军队拥有强大的战斗力。

◁ 恺撒初见埃及艳后。

莫名撤兵的埃及艳后

埃及艳后是引起亚克兴海战的诱因吗?
埃及艳后在战争中是否背叛了安东尼?

"埃及艳后"是指古埃及托勒密王朝的女王——克里奥帕特拉七世。传说她貌美无双,聪颖过人。埃及艳后所处时期正是罗马的繁盛时期。她借助罗马当权者恺撒的力量夺取了王位。恺撒死后,她又投入罗马新贵安东尼的怀抱。安东尼为了她抛弃了自己的妻子,并声称要将一部分罗马领土相赠。这引发了罗马元老院的极大不满,下令恺撒养子屋大维讨伐。公元前31年9月,安东尼与屋大维在亚克兴附近进行了决战,史称"亚克兴海战"。交战双方势均力敌,可就在战争进行到白热化阶段时,女王却突然将她的舰队撤走,导致安东尼大败。人们不明白她为什么要这样做。有人说她是想考验安东尼的爱情,也有人说她是害怕战争失利。但是从女王的性格以及战争最后的结果来看,这些观点不足以成立。也有人猜想她是想让安东尼与屋大维互相厮杀,自己从中捞取好处。但这一说法也缺乏证据。女王撤兵的真正原因成为至今仍困扰人们的谜题。

▷ 屋大维雕像

◁ 亚克兴海战

少年探索·发现系列

古罗马帝国覆亡之谜

古罗马帝国为何衰落？
古罗马人真的铅中毒了吗？

▲ 古罗马社会各阶层

410年，哥特人首领阿拉里克率领日耳曼人攻占了罗马城。不可一世的西罗马帝国走向了灭亡。但有学者称这次事件并不是西罗马帝国灭亡的真正原因。那么西罗马帝国到底是如何覆亡的呢？

有学者认为，在攻克罗马城之前，哥特人已经开始学习罗马人的先进文化，使得自身的战斗力不断增强。同时，罗马军队中雇用了众多的日耳曼人，他们在战争中的表现并不令人满意，因此，阿拉里克得以攻克罗马城。至此，傲立于西方的西罗马帝国走向了覆亡。从表面来看，强大的西罗马帝国似乎确实是被哥特人所消灭的。

但最近一些学者却对这一说法提出了质疑，他们提出了一个新的观点：西罗马帝国毁灭于铅中毒。

1969—1976年，考古学家在英国南部赛伦塞斯特展开

▽ 古罗马的贵族们经常在竞技场中观看角斗。

了考古挖掘工作。在一座公元4世纪末的罗马人墓群里，人们找到了450具骸骨，多数骸骨中的含铅量是正常人的80倍之多，儿童骸骨的含铅量更高。考古学家依此推断，这些人可能死于铅中毒。同时有文献记载，西罗马帝国各地居民都有头痛和四肢麻痹的情况，这正是铅中毒的症状。

罗马人十分喜欢铅制器皿。他们用铅杯喝水，用铅锅煮食，甚至用氧化铅代替糖调酒。食用了如此多的铅，罗马人逐渐感到全身无力，更可怕的是，他们渐渐丧失了生育能力。后期的西罗马帝国皇帝经常鼓励夫妻生育更多子女，可能是为预防人口减少。现代医学表明，即使吸收微量的铅，生殖能力也会受到影响，所以罗马人很可能是因为喝了含铅的酒水而致残，最终使帝国覆亡的。但如果铅中毒是西罗马城于公元5世纪被攻陷的原因，那东罗马帝国为什么能在西罗马被灭亡之后，继续存在1000年呢？有人说，东罗马帝国边境线不长，较容易防御，可以避免外族的入侵；同时，东罗马帝国国内治安维持较好。此外，也不难发现，东罗马境内的铅矿较西罗马少得多，所以当地居民只能使用在当时看来较为低劣的瓦锅和陶杯。铅中毒是西罗马帝国灭亡的真正原因吗？真相仍有待进一步探究。

军事档案 Military

东、西罗马帝国

395年，古罗马帝国分裂为东西两个帝国：意大利及以西部分为西罗马帝国，首都为罗马，以拉丁语系为主；意大利以东部分为东罗马帝国，首都为君士坦丁堡，以希腊语系为主。

十字军东征的真实原因

教皇乌尔班二世为何要发起东征？
十字军东征的目的地是何处？

1054年，基督教分裂成两大教派：西面是以罗马教廷为中心的天主教，东面是以君士坦丁堡为中心的东正教。历任罗马教皇都计划着统一两派。1095年，教皇乌尔班二世在法国南部召开的宗教大会上，以夺回圣地为号召，以东方富庶为诱饵，命令所有信徒参加对东方的"圣战"。就这样，由封建主、骑士、农民组成的十字军陆续出发，开始了历时两年多的侵略战争。十字军东征前后共有8次，延续的时间达200年之久。

关于十字军东征的根本原因，历来说法不一。一种观点认为宗教原因是决定因素。中世纪末，基督徒深信人都有罪，赎罪的方法，一是苦行，二是朝圣。而耶路撒冷正是基督徒的圣城。乌尔班

▲ 十字军士兵

军事档案 Military

儿童十字军

在一些修士的鼓动下，众多不超过12岁的孩子被哄骗参军。他们中的大部分人在途中被饿死，剩下的几千人到意大利后又有不少被拐卖。儿童十字军共坑害了6万多名无辜的儿童。

▲ 儿童十字军

二世便号召人们夺回圣地,并大力渲染穆斯林的罪行,形成了一种宗教狂热。这种宗教狂热,导致了十字军东征。

第二种观点认为决定十字军东征的是经济原因。城市的兴起,商业贸易的发展,使社会进入商品经济时代,封建主的物质享受欲望不断膨胀。同时,当时英法实行长子继承制,这使得人数众多的非长子贵族不能继承父辈的遗产,只能成为骑士。而日渐沦为农奴的农民也不甘心受封建主和教会的压迫,他们幻想着拥有更多的财富。这样,上自教皇,下至农民的社会各阶层的利益和欲望,成为长达近200年之久的十字军东征的基础。

▲ 十字军身上戴有红布做的十字。

第三种观点认为,11世纪下半期,塞尔柱突厥人在占领了叙利亚、巴勒斯坦和埃帝阿历克塞之后,认为收复失地时机成熟,但自己力量不足,于是向教皇求援,遂给十字军东征以口实。

究竟哪种观点是十字军东征的根本原因,现在还不能下定论。但可以肯定的是,十字军东征使东方各国的社会经济与文化遭受了一场浩劫,同时也令西欧各国人民的生命财产遭到了巨大的损失。

▼ 十字军正在攻占耶路撒冷。

少年探索·发现系列

无敌舰队覆灭的真相

无敌舰队是一支怎样的舰队？
气候是导致无敌舰队覆灭的原因吗？

16世纪初，西班牙通过殖民掠夺，成为欧洲第一强国。为了保障其海上交通线和在海外的利益，西班牙建立了一支拥有100多艘战舰、3000余门大炮、数以万计士兵的强大海上舰队。这支装备精良的舰队横行于地中海和大西洋，骄傲地自称"无敌舰队"。1588年，西班牙与英国展开了一场惊心动魄的大海战。西班牙国王派遣无敌舰队前往作战，而英国参战的是一支杂牌军。但令人惊讶的是，这支杂牌军竟然打败了强大的西班牙无敌舰队。为什么强大的无敌舰队竟然在弱小的对手面前不堪一击呢？

△ 战胜无敌舰队的纪念章

△ 西班牙的无敌舰队装备精良。

一种观点认为，虽然当时的西班牙国力强盛，但这只是表面上暂时的虚假繁荣。西班牙国王腓力二世加强专治统治，搜刮民财，并连年发动对外战争，挥霍无度，使得人民怨声载道，军中厌战情绪高涨，因此这次不得民心的战争必败无疑。

第二种观点是指挥失当说。持这一观点的学者认为，无敌舰队的惨

最不可思议的**军事**未解之谜

败是由于国王用人不当造成的。他任命的舰队总司令西东尼亚公爵本来是一名陆将,根本不懂海战,对指挥庞大的舰队一无所知,因此西班牙才会失败。

第三种观点是天灾说。这种观点认为,当时的大西洋风大浪急,无敌舰队的许多船只被毁坏,水手们被迫丢掉了很多食物和淡水,又有很多人因为天气恶劣而生病,战斗力大大削弱。西东尼亚公爵带着这样一支失去战斗力的舰队与以逸待劳的英军作战,战败也就不足为奇了。回国时,无敌舰队在苏格兰北部海域再次遇到大风暴,一些舰船又被海浪吞噬或触礁,所剩船只已寥寥无几。

无论如何,无敌舰队已经全军覆没了,它的覆没值得军事家深思。

军事档案 Military

海战起因

16世纪时,西班牙海军从海外掠夺回的黄金、白银不计其数。而英国当时的舰船制造和航海技术的革新,膨胀了其夺取殖民地的野心。这威胁到了西班牙的既得利益,大战也随之爆发。

▼ 16世纪初时,西班牙拥有绝对的海上霸权。

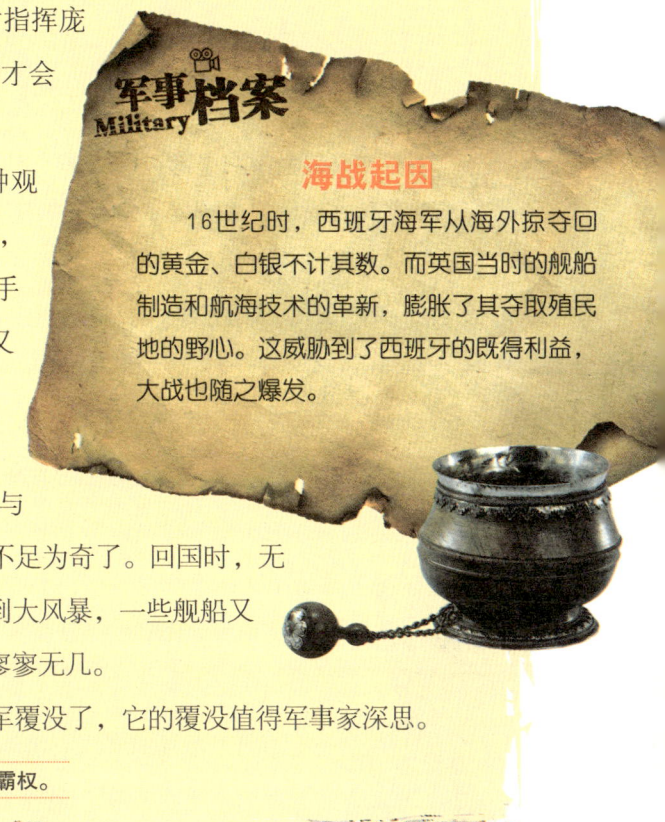

少年探索·发现系列

探寻北美**独立战争**的开端

"列克星敦枪声"是怎么一回事？
北美独立战争的第一枪是由哪方打响的？

◆ 费城独立厅

1492年意大利航海家哥伦布发现新大陆后，大批欧洲移民随之拥入美洲。英国殖民主义者经过120余年的争夺和经营，到18世纪30年代，已陆续在美洲建立了13个殖民地。在发展过程中，北美殖民地居民逐渐形成了一个新的民族，他们开始进行独立运动，但这一运动遭到英国的镇压。

1775年4月19日深夜，一支由800名士兵组成的英军部队奉命去搜查殖民地民兵的秘密军火库。殖民地民兵事先得到了消息，在列克星敦挡住了这批英军。突然一声枪响，紧接着双方开始交战。这是北美独立战争的第一枪。可究竟是殖民地民兵还是英军开的第一枪呢？对此问题说法不一。

一种说法是英军开了第一枪。事件发生时，一个叫宾逊的殖民地民兵走在最前排，他在1775年4月24日对此事陈述道："当时，走在最前面的三个英国军官向士兵下令：'开火！'刹那间，他们向我们射来密集的弹雨。据我所知，我们的人那时并没有一人开枪。"

◀ 列克星敦的民兵铜像

最不可思议的军事未解之谜

另一种说法是英国人提出来的。一名英军军官在陈述事件经过的报告中写道:"皮凯恩少校立即要求叛乱者放下武器、解散,他们没有服从。他便命令士兵上前收缴他们的枪支。这时叛乱者开了一枪,我们的士兵才予以回击。"此外,另一名叫约翰·派克的英军中尉在他的日记中也写道:"我们仍然前进,虽然不想攻击他们,但也作好了反击的准备。然而,当我们逼近他们时,他们开了一两枪……"这两份材料在被美国缴获几年后才公开发表。

▲ 独立战争领导人——华盛顿就职典礼

但更多的人无法确定是哪方开的第一枪,如英军中尉桑顿·考德在马萨诸塞议会上说:"当我们到达时,他们后撤了,旋即开始交火,但我不能判断哪一方先开的火,因为枪声是在我们军队呐喊着向前挺进时打响的。"

就是这声来历不明的列克星敦枪声,为北美独立战争拉开了帷幕。

军事档案 Military

波士顿惨案

1770年3月5日,为了镇压北美殖民地人民的反英活动,英军向手无寸铁的北美波士顿市民开枪射击,其中有5人被英军射杀,数人受伤,酿成了震惊北美的"波士顿惨案"。

▶ 激战中的英军与北美民兵

少年探索·发现系列

> 19世纪初横渡大西洋的美国远洋轮船

荒诞的华盛顿失守战役

> 发起战争的美军为何连连战败？
> 美军司令真的下过"不战即退"的命令吗？

美国独立后，准备继续夺取西部地区和英国控制的加拿大。1812年6月18日美国对英宣战。但出乎意料的是，美军在英军面前几乎溃不成军，一开始就陷入了被动挨打的局面。1814年8月24日，英军调集重兵从加拿大发动反攻。在罗伯特·罗斯将军的指挥下，英军顺利地攻入美国首都华盛顿。当时的美国总统麦迪逊几乎不敢相信眼前的一切。在他看来，英国的雇佣兵根本无法与美国的自由战士相比，美国同独立战争时一样，定会获得胜利。但当他不得不逃离华盛顿时，却看到美国军人在遇到英国军队时转头就跑。据说美军的这种行为是受美军司令威廉·温顿的指示。但美国总统却对此事一无所知。这种说法是真的吗？威廉真的会下这样的命令吗？实力雄厚的美国为什么如此轻易地输掉了这场战役呢？至今没有人能说得清楚。

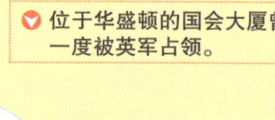

> 位于华盛顿的国会大厦曾一度被英军占领。

最不可思议的军事未解之谜

吞并夏威夷的幕后黑手

美国为何要吞并夏威夷群岛？
是谁提出要吞并夏威夷群岛的？

夏威夷地处太平洋北部，由130多个岛屿组成。夏威夷群岛曾是个独立王国，但从1820年起，美国的势力就开始逐渐渗入。起先，美国承认夏威夷岛独立，后来又秘密策划并推翻了夏威夷政权。1898年，美国正式吞并了夏威夷群岛。那么，美国吞并夏威夷岛是谁的主张呢？1890年，当时的海军中校马汉提出了"海权论"：海洋对于帝国的兴衰至关重要，谁控制了海洋，谁就将拥有整个世界。因此，他向海军部长官建议，将夏威夷岛控制在美国手里。而时任美国海军部助理部长的西奥多·罗斯福也曾强调：野心勃勃的日本对美国来说是一个潜在的威胁，应该在太平洋上寻找一个立足点，用以设立一个防御日本的基地，而靠近日本的夏威夷群岛就是最佳选择。此外，美国海军委员会成员亨利·洛奇也曾直言：夏威夷群岛从地理位置上来说至关重要，美国应当尽快占有这些岛屿。美国吞并夏威夷岛究竟是因谁而最终确定的？对此，至今还没有一个确切的答案。

▲ 夏威夷岛风景

▲ 夏威夷国家公园

少年探索·发现系列

惨败滑铁卢的诱因

"战神"因何遭遇滑铁卢惨败?
格鲁希元帅迟迟未到是导致战役失败的原因吗?

▲ 战败者拿破仑

1815年春,被放逐到厄尔巴岛的拿破仑回到巴黎,东山再起,很快重新控制了法国政权。得到这一消息后,欧洲各国政府如临大敌,立即组织了第七次反法同盟,希望能在最短的时间内将拿破仑打败。拿破仑也立即重建大军,准备对付反法联军。1815年6月18日,拿破仑和反法同盟在滑铁卢进行决战。滑铁卢是位于比利时南部的一个村庄,易守难攻,英国统帅威灵顿在那里布兵以待。6月18日中午,拿破仑下令出击。但由于英军占据有利地形,法军一次次被打退。战斗进入胶着状态。黄昏时,英国的援军到了,英军顿时士气大振。而拿破仑安排来救援的格鲁希元帅的部队却始终未到。形势急转直下,英军趁势变守为攻,法国战败。法国此战失败的原因引起了史学家和军事评论家的极大兴趣。

有人认为格鲁希元帅是导致法国失败的重要原因。因为当时拿破仑的军队有7.2万人,英军也有7万人,双方实力相当,谁的援军先到,谁将占据优势。因而格鲁希的迟迟未到直接导致了法军的滑铁卢惨败。

有的人则认为法国战败的原因是法军中缺少得力大将。在滑铁卢一

最不可思议的**军事**未解之谜

◀ 拿破仑退位时的场景

役时，拿破仑的身边缺少能征善战、与他配合默契的将领：达乌被围困在汉堡，缪拉没能够及时从那不勒斯赶回来，马塞纳正在西班牙征战。拿破仑虽然培养了一批将才，但在关键时刻却未能为自己所用，这无疑是此战失败的关键。

此外，滑铁卢之战中还有一处重要的细节。在会战之前，拿破仑曾命令部将戈洛西在离战场25千米处待命，等战斗打响后见机行事，与自己的部队一起对敌人来个两面夹攻。不料，戈洛西一班人马始终未听到开战的炮声，结果延误了战机。拿破仑在最需援兵的时刻孤军奋战，以致兵败如山倒。原来，由于声波折射，戈洛西正处在声音的寂静区，因此听不到炮声。这一阴差阳错的事件，也极有可能是滑铁卢战局改变的原因。

至今，人们仍在不遗余力地对滑铁卢战役中的细节进行分析探讨，希望能找到新的证据来解释"战神"拿破仑的这次惨败。

◀ 在滑铁卢战役中，双方势均力敌，战斗十分惨烈。

军事档案 Military

威灵顿将军轶事

英国将军威灵顿曾在战场上吃了败仗，十分沮丧。但他偶然看到一只蜘蛛在风中结网，蛛丝一次次被风吹断，蜘蛛却一次又一次拉丝重结，最终把网结成了。威灵顿将军深受启发，重整旗鼓，最终打败了拿破仑。

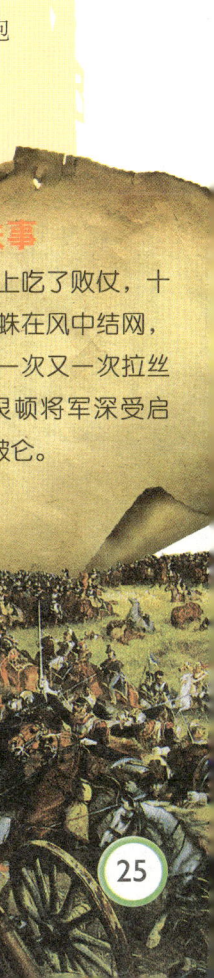

少年探索·发现系列

希特勒为何要血洗冲锋队

希特勒为何要屠杀自己的部下？
希特勒的冲锋队与国防军之间有矛盾吗？

希特勒的冲锋队是希特勒执政初期建立的一支军队，曾为希特勒立下了汗马功劳。但在1936年6月30日凌晨，在希特勒的密令下，以参谋长罗姆为首的冲锋队员被全部枪杀。希特勒为何要对自己的手下下如此毒手呢？对此，研究者们进行了不少考察，大致归纳出几种看法。

第一种看法认为，冲锋队已经完成了它的历史使命，对希特勒而言已经没有利用价值了，并且他们掌握了许多秘密情报，为免除后患，所以将他们除掉。

第二种看法却认为，希特勒与罗姆之间隐藏着很大的矛盾，罗姆在希特勒上台后，不仅加紧发展冲锋队，而且叫嚷着要进行二次革命，建立真正的"民族社会主义"国家。这些行为使希特勒无法容忍，便将冲锋队解决掉，放心地进行其独裁统治。

第三种看法则认为，冲锋队与党卫队之间有着激烈的冲突。党卫队成立于1925年，原是冲锋队的下级组织。它作为希特勒的铁杆卫队，在冲

◀ 希特勒及其支持者

最不可思议的军事未解之谜

▲ 第二次世界大战时期，柏林的民众与军队。

锋队膨胀的同时亦迅速发展壮大。两支政治力量争权夺利，发生了矛盾冲突，特别从1929年海因里希·希姆莱担任党卫队首领后，双方的矛盾更为激化，最后导致了血洗冲锋队事件。

最后一种看法认为是冲锋队不被国防军所容。德国国防军在第一次世界大战后受到限制，因而国防军便对冲锋队采取了扶持态度。但随着罗姆的势力越来越大，国防军部长勃洛姆堡便要求希特勒给予冲锋队一定的限制。由于欧洲各国对德国的军队人数时刻关注着，因此希特勒知道若保留庞大的冲锋队，他将很难向欧洲各国做出合理的解释。同时，为了令国防军对自己效忠，他便牺牲了冲锋队。

对于希特勒血洗冲锋队的原因众说纷纭。是这些原因兼而有之，还是只有其中一点导致了事件的发生？对此我们不得而知。

▷ 曾经嚣张的纳粹冲锋队

军事档案 Military

希特勒的"第三帝国"

"第三帝国"是希特勒对纳粹统治下的德国的称呼。他认为这一时期的德国是中世纪的神圣罗马帝国（第一帝国）和普法战争后的德意志帝国（第二帝国）的后继，故他称自己建立的"新德国"为第三帝国。

少年探索·发现系列

西班牙中立的内因

德意法西斯为何支持佛朗哥？
佛朗哥真的要求过加入轴心国吗？

1936年7月18日，西班牙长枪党首领弗兰西斯·佛朗哥发动武装叛乱。经过一场内战，他于1938年3月28日占领首都马德里，建立了独裁统治。在这一过程中，佛朗哥得到了希特勒和墨索里尼给予的大力支持。但是，在第二次世界大战中，西班牙却出人意料地保持了中立。由于未上"贼船"，佛朗哥的独裁统治在二战后又延续了整整30年，直到他最后病死。西班牙的中立究竟是出于什么原因呢？一种观点认为，佛朗哥不参战主要是由于英法同盟国以贷款、药物和食品援助相拉拢的结果。还有一种观点认为，当希特勒在西线发动突然袭击，法国迅速沦陷，英国也可能崩溃或毁灭的时候，佛朗哥曾表示他希望能够加入轴心国。但是，希特勒觉得没有争取同盟者的必要。他估计几个星期甚至几天之后，便可结束大的敌对行动，而英国即将求和。因此，他对于佛朗哥的这副积极靠拢的姿态并不感兴趣，没有把佛朗哥拉入自己的阵营。

到底是盟国的拉拢还是希特勒的不屑使西班牙保持了中立呢？没有人能说得清楚。

佛朗哥以西班牙政府首脑的身份宣誓效忠国家。

佛朗哥

最不可思议的军事未解之谜

从天而降的德军尖端机密

德军的武器设计图为何会泄露?
送来德军尖端机密的神秘人物到底是谁?

1939年11月4日,英国驻挪威首都奥斯陆使馆的卫兵在门前石阶上发现了一个包裹。他将包裹交给了上司。当人们打开包裹时,被里面的东西惊呆了,原来包裹里面装着的是德军的尖端机密:关于德军武器装备最新进展的文件和设计草图,其中还包括巨型火箭及其他重要作战武器的设计图纸。英国方面很快将这些文件送回伦敦。但令盟军疑惑的是,这个将纳粹尖端机密交给英方的人到底是谁呢?他是如何搜集到这些机密文件和设计图纸的呢?显然,这个人在德军中的身份和地位绝对不低,可以直接接触到纳粹德国武器发展的核心机密。同时,这个人也是一个反纳粹者,他热切地盼望希特勒征服梦的破灭。为此,他冒着巨大的危险,甚至不惜牺牲自己的生命而将文件送到奥斯陆。虽然盟军在战后对此事进行了调查,却一直没有查明这个神秘人物到底是谁。

招摇的德国纳粹党人

德国当时的先进武器

少年探索·发现系列

揭开日本间谍的神秘面纱

美国总统身边真的有日本间谍吗?
日本间谍究竟是谁?

▲ 罗斯福身边的高官中,也许就有向日本发送情报的间谍。

1941年春,美军展开了截获和破译日本最高机密的行动。经过众多专业人员的努力,部分日本间谍发送的代码被成功破译,破译结果显示:美国华盛顿特区聚集了大量的日本和德国间谍,甚至罗斯福政府中也有高官在为日德提供机密情报。一份文件中显示,有代号为"J"和"W"的两名间谍能够靠近美国总统与总统夫人,是可靠的情报员。这两名间谍到底是谁?

1941年5月,美军再次破译的密码显示,日本大使向总部汇报说用于发展情报事业的50万美元已收到。那么,谁是这笔巨款的受益人?这50万美元换取的又是什么情报?美国联邦调查局和军队的情报机构为什么没能查出这两名高级间谍呢?有人推断,这两名间谍都是日本大使以前的同学,"W"在美国外交部欧洲司供职,而"J"则是一名著名的议员。但这种说法的真实性至今还无法证实,日本间谍案仍是历史上的一桩悬案。

▼ 罗斯福夫妇

最不可思议的军事未解之谜

"停止前进"的下令者

 希特勒是否下了"停止前进"的命令呢?龙德斯泰特对此命令起了什么作用?

1940年,英法联军防线在德国机械化部队强大攻势下迅速崩溃,并在敦刻尔克进行了当时历史上最大规模的军事撤退行动。在这种对德军十分有利的情况下,希特勒却突然下达了"停止前进"的命令,这让人无法理解。有人认为这是希特勒独断专行,干涉军事指挥的一个愚蠢的命令。但也有人认为这道命令不是希特勒下的。英国首相丘吉尔在他的《第二次世界大战回忆录》中写道:5月24日清晨,希特勒到德A集团军总部视察。龙德斯泰特向统帅建议:离敦刻尔克不远的一线上的德军应该停止前进,以便重新部署并等待步兵的接应。希特勒同意了他的建议。由此看来,这个愚蠢的命令应该是由龙德斯泰特发出的。法国历史学家也指出,根据当时德国元首大本营作战局长和德军参谋总长的《战时日志》,希特勒本人并没有发布这道命令。由此人们推断,是龙德斯泰特自己做出了这个决定并发布了命令,而希特勒只是同意了他的建议。这是真的吗?我们无从知晓。

▲ 希特勒真的下过"停止前进"的命令吗?

◀ 英国的武装力量在敦刻尔克准备第二天的战斗。

少年探索·发现系列

珍珠港事件背后的阴谋

珍珠港事件发生前美国已知情了吗？
罗斯福真的会付出巨大的牺牲来导演苦肉计吗？

◯ 珍珠港是美国在太平洋战场的重要基地。

1941年，日本把占领印度和南太平洋诸国、夺取石油资源作为主要目标。而驻守在夏威夷群岛上的美国太平洋舰队就成了日本军国主义南进太平洋的最大障碍。于是，日本制订了远渡重洋偷袭珍珠港的计划。1941年12月7日凌晨6时，日本对珍珠港进行了偷袭。第二天，美国总统罗斯福要求国会宣布对日本宣战。当天，美国正式向日本宣战，太平洋战争随即爆发。但近年来，很多军事评论家却认为美国有关方面早已截获并破译了日本驻夏威夷檀香山领事馆的电报密码，电报内容便是有关珍珠港美军军舰动向的报告。情报部门也注意到了偷袭前夕日本领事馆大量焚烧文件产生的滚滚浓烟等异常情况。此外，美国驻日大使格鲁早在1941年1月就向国务院报告，日本一旦对美国开战，首先将袭击珍珠港。因此，美国并非被动挨打，而是精心安排了一出苦肉计！

与此同时，也有相当一批人认为，珍珠港悲剧之所以发生，不可能是所谓的罗斯福政府的"阴谋"，而是美国的盲目轻

◯ 一架日本飞机被美国海军火力击中。

敌与情报机构失误所致。战前，美国政府内普遍有一种看法：日本无论是经济还是军事上所拥有的人力、物力都比美国弱得多，因而不敢进攻美国。直到1941年夏，美国的战略判断仍是："德国和意大利将在1941年8月前后同美国交战，日本极可能不参战。"此外，在1941年12月6日，美国的情报机关已截获日本给美国的最后通牒。当晚9时30分，罗斯福总统看过这一情报的译文后，立即打电话找海军作战部长斯塔克商量，但当得知斯塔克正在国家大剧院看戏时，竟把这件事耽搁了下来。美国承认："珍珠港事件前美国是了解情况的。但在情报上来说，这是一次彻底的失败。"

◆ 美国总统罗斯福

珍珠港事件究竟是阴谋还是失误？也许，事情的真相就如同那些被炸沉的美国战舰一样，永远也无法重见天日了。

◀ 珍珠港事件现场

军事档案 Military

珊瑚海海战

1942年5月8日，美日双方航空母舰在太平洋展开激战。美国在此战中损失飞机约70架，日本损失飞机约100架。此次海战是战争史上航母编队在远距离以舰载机为攻击武器的首次交锋，也是日本在太平洋战争中首次受挫。

少年探索·发现系列

难以查实的盟军泄密传言

英国军官为何会将重要情报地址写错？
盟军真的曾犯过众多低级错误吗？

众所周知，第二次世界大战中盟军诺曼底登陆作战的胜利加速了法西斯德国的灭亡。但是有人说，在这次作战发起之前，其行动计划好几次险些泄露。其中一次是盟军统帅部的一名上士将本该发往进攻部队的信写上了他姐姐家的地址，结果信被寄到了美国。他的家人因此受到严格审查，一直到行动成功之后才重获自由。此外，据说当时盟军最高统帅部通讯署长官的副手在乘火车回家的路上，把装有"霸王"（诺曼底登陆战役的代号）作战通讯方案的文件包弄丢了，而且他自己又说不清是在何时、何地、怎样丢失文件包的。后来，人们才查清这位副手乘出租车时，把文件包遗落在车上，出租车司机捡到后送到了失物招领处。这些传闻可信吗？盟军的机密文件怎么会如此疏于防范呢？这一切还未能核实。

盟军在诺曼底登陆的场面

策划盟军进军欧洲行动的将领的合影。他们当中包括艾森豪威尔（前排中）和蒙哥马利（前排右）。

最不可思议的**军事**未解之谜

轻取西西里岛之谜

盟军为什么要夺取西西里岛？
希特勒真的是被一具尸体蒙骗了吗？

西西里岛是地中海最大的岛屿，是意大利的属地。第二次世界大战期间，北非盟军最高统帅艾森豪威尔决定先攻占西西里岛，以保证同盟国地中海航线畅通，并迫使意大利投降。得知这一计划后，纳粹军队在西西里岛加强了防御。但是，盟军最终还是以极小的代价就占领了西西里岛。这是为什么呢？有分析者认为，在西西里岛登陆前，盟军曾实施了一个蒙蔽希特勒的计划：盟军把一具尸体空投到西班牙海岸，并在尸体上放了一些假的作战文件，让希特勒误以为盟军进攻西西里岛的消息是烟雾弹，其真正目的是突袭希腊和撒丁岛，这使得希特勒放松了对西西里岛的防御。还有分析者认为，西西里岛的部分纳粹士兵早已厌倦了长期的战争，所以有意配合盟军的登陆战役，并未全力抵抗。究竟哪种说法更接近历史的真相呢？至今没有一致的看法。

▽ 准备发起进攻的盟军士兵   ▽ 西西里岛上投降盟军的纳粹士兵

少年探索·发现系列

广告与珍珠港遭袭的巧合

《纽约客》上的广告与珍珠港事件仅仅是巧合吗？是谁杀死了广告的刊登者？

珍珠港事件后，一则刊登在《纽约客》杂志上的广告因使用的词语特殊而引起了美国联邦调查局的注意。这则广告是在珍珠港事件前16天刊出的，是为一种新的掷色子游戏而做的广告。广告中有一白一黑两个色子。读者可以看见每个色子的3个面。白色色子上面的3个数字是12、24和XX，黑色色子上面是0、5和7。在色子上方写了一句话："请看第86页上的广告。"在第86页上，标题用大号字印了出来："嗨！当心！"在广告下面，有"死亡双星"几个大字。美国联邦调查局的分析师认为，色子上的数字12和7，可以理解为12月7日，就在这天战争爆发了；数字5和0可以看作是进攻的时间；XX在罗马数字中表示20，则恰巧是进攻目标的纬度。巧的是，正当美国联邦调查局打算逮捕刊登这则广告的人时，此人却神秘死亡。这则怪异的广告令众多分析家认为其定有深意，但由于当事人已死，人们无法予以证实。

◀ 指挥偷袭珍珠港的日军指挥官山本五十六

最不可思议的军事未解之谜

杀害波兰战俘的真凶

> 1.5万名波兰战俘是被苏军杀害的吗？
> 国际军事法庭为何对此事漠不关心？

1939年9月1日，纳粹德国占领波兰西部地区。9月17日，苏联从东部进入波兰，占领寇松线以东的全部波兰领土，俘虏约25万名波兰军队官兵。苏联随后将波兰官兵分别关押在一些新建的战俘营内。其中的斯塔罗别利斯克、科泽利斯克和奥斯塔什科夫三个战俘营中关押着1.5万名波兰战俘。

◀ 杀害波兰战俘的竟然是苏军！

◀ 波兰华沙街头

1943年4月13日，攻入苏联境内的纳粹德国军方宣布，在德军占领的苏联斯摩棱斯克市附近的卡廷森林地区发现被苏联军方屠杀的波兰军人万人坑。4月15日，苏联发表公报，对此予以断然否认，宣称这些波兰战俘并非死于苏联军队之手，而是在德军入侵苏联之后落入德军手中，后被德军所杀害的。一时，人们对此事争论不休，将这场惨案命名为"卡廷事件"。此后，苏联和德国均组织调查团前往卡廷进行实地调查，但都没有取得明确的结果。1990年，苏联在波兰总统访苏期间正式承认对"卡廷事件"负全部责任，这一惊天血案的始作俑者至此大白于天下。

◀ 浴血奋战的波兰士兵

少年探索·发现系列

中途岛海战之谜

美国是如何得知日军要攻击中途岛的？日军为何始终没有更换密码？

▲ 太平洋战场上的美国"埃塞克斯号"航空母舰

第二次世界大战时，日军在偷袭珍珠港后，又将目光投向东太平洋，寻觅下一个攻击目标。

▽ 参加过中途岛海战的美军"企业号"航空母舰

1942年5月，美国发现在日本备战舰艇所传递的密码电报里，经常出现两个英文字母"AF"。美国的情报人员判断，这两个字母有可能是地名的代号。据此，他们进一步研究，发现"A"和"F"极有可能是中途岛位置的两个坐标。为了确证"AF"是否代指中途岛，美方制订了一个计策：让中途岛守备司令用早已被日军破解的密码向总部发了一份"本岛淡水蒸馏设备发生故障，请上级立即派人前来修理"的电报。不出所料，两天后，日本海军用同原来一样的密码在电报中发出"AF""淡水蒸馏发生故障""请准备提供淡水"等字样。这样美军就确定了日本准备攻击的目标的确是中途岛，而且行动时间在即。后来，美军又截获了一份日本海军的电报，电报说"6月5日以

军事档案 Military

中途岛海战中的美军总指挥

中途岛海战中的美军总指挥是尼米兹上将（1885～1966年）。他于1905年毕业于安纳波利斯海军军官学校，曾任潜艇艇长、美国舰队助理参谋长、巡洋舰舰长、美国海军太平洋舰队司令等职。1944年12月被授予美国海军五星上将军衔。

🔥 中途岛海战

后,本部队的邮件请寄往AF"。这就说明,日本攻击中途岛的时间很可能定在6月4日。之后,美军情报人员又从日本海军电台活动的各种情况分析出日本有可能用于攻击中途岛的舰艇和飞机的实力等。就这样,美国掌握了日本大部分的作战安排。

🔥 **中途岛海战中**,日本损失4艘航空母舰。

6月4日凌晨,日军果然对中途岛发起了进攻,而由于美军事先做好了充分的安排和准备,日军在这次海战中惨败,并损失航空母舰4艘、重巡洋舰1艘、飞机285架、人员3500名。事后,美太平洋舰队司令尼米兹上将说:"中途岛的胜利实质上是情报的胜利。"

但在中途岛海战中,有众多的谜团令我们迷惑不解:一贯非常注意搜集敌人情报、并对自己信息严加保密的日本海军总指挥山本五十六为什么把这次战斗前的准备工作做得那么差呢?首先,他没有派间谍去了解美军和中途岛的具体情况,如果他事先通过情报部门了解了中途岛已经战备升级,那么定能由此判断出尼米兹已经获悉日军的预谋,中途岛海战的胜败就是未知数了。其次,到底是什么原因使日军在此次战争前没有更换情报密码呢?是由于时间太紧吗?这一切都令人们感到不解。

少年探索·发现系列

有负使命的**索命炸弹**

放置炸弹的公文包被人移动了吗？
希特勒是如何逃过炸弹危机的？

1943年后，纳粹德国在盟军的反击下败象已现。希特勒召集部分高级将领举行了一次重要的军事会议。会议期间，会议室突然发生了爆炸。原来，德国反纳粹分子准备在会议上暗杀希特勒，他们将炸弹放在了会场中。这次暗杀的策划者是斯陶芬伯格。他原本打算将炸弹安在自己身上，与希特勒同归于尽。但他的战友们不同意，他们最终决定给炸弹安装一个短定时器，保证斯陶芬伯格有时间离开。当时，斯陶芬伯格将装有炸弹的公文包放在希特勒的座位附近后便离开了。但事后他得知，希特勒竟然安然逃过此劫，只是右肩受了轻伤。这是为什么呢？有人说在斯陶芬伯格离开后，有人顺手把文件包提到了另一个房间，因此没能杀死希特勒。但有的人却称，当时公文包并没被带走，只是一个与会军官无意之中移动了该皮包，所以炸弹只令希特勒受了轻伤。历史真相究竟如何？人们始终没有搞清楚。

◎ 定时炸弹

◎ 在这些接受检阅的纳粹军官与士兵中，也存在着反对希特勒的人。

最不可思议的军事未解之谜

"三巨头"险遭杀身之祸

电影《德黑兰1943》中的情节是完全虚构的吗?
希特勒向德黑兰派遣过杀手吗?

电影《德黑兰1943》描述了斯大林、罗斯福和丘吉尔在伊朗首都德黑兰举行会晤时,纳粹间谍进行暗杀的故事。史学家一直认为该片纯属虚构。然而俄罗斯媒体曾披露,这一切都是真的。据说早在"三巨头"会晤前两个月,希特勒就得到了一封密电,密电上只有寥寥几行字:"11月29日,斯大林、罗斯福和丘吉尔将在伊朗首都德黑兰进行秘密会晤。"随后,希特勒便派遣近千名党卫军潜入德黑兰伺机刺杀。这次暗杀计划被称为"远跳行动"。两支间谍队伍分头行动,一支通过空降进入伊朗境内亲德的卡西凯斯基耶部落所在地,另一支则伪装成茶叶商人从土耳其边境潜入伊朗。之后两队人便开始了暗杀活动,其紧张程度一点也不比《德黑兰1943》逊色!这种说法是真的吗?事实上,"三巨头"在德黑兰会晤期间,有很多德国间谍在当地活动。但刺杀事件是否发生过,即使是历史学家也不得而知。

▲ "三巨头"合影

◀ 会晤中的斯大林和罗斯福

攻克柏林之谜

艾森豪威尔为何改变作战计划？
美国让出柏林的目的是什么？

1945年3月，纳粹德国即将战败，盟军胜利的曙光就在眼前。但是就在这时，蒙哥马利元帅突然收到盟军最高统帅艾森豪威尔的来电，命令其由原来主攻柏林改为攻击东南方向的慕尼黑和莱比锡，而占领柏林的任务则交给苏军去完成。蒙哥马利元帅十分不解，马上给英国首相丘吉尔发电。丘吉尔也觉得艾森豪威尔干了一件大蠢事，便给美国总统罗斯福发电报，企图改变这一计划。但是，罗斯福对艾森豪威尔的这项决定并没有提出反对意见。于是，1945年5月2日，苏军攻克并占领了柏林。第二次世界大战后，德国被分成东西两个国家，一个亲西方，一个亲苏联。这与当年的这项决定不能说没有关系。美国将柏林拱手让给苏联，是由于战略上的计划，还是政治上的考虑？人们不得而知。

第二次世界大战时的苏联总指挥斯大林

艾森豪威尔将军

柏林的标志——勃兰登堡门

最不可思议的军事未解之谜

希特勒的"最后部队"

希特勒真的留有"最后部队"吗？
第二次世界大战结束时，德国的25万人究竟去了哪里？

20世纪90年代，日本著名的国际记者落合信彦声称：在世界上某些地区至今仍留有希特勒的25万"最后部队"，他曾亲身参观过他们的堡垒。据他的调查，在盟军大反攻的初期，希特勒就曾多次谈到自己的"最后部队"。第二次世界大战结束前，德国有25万人突然神秘失踪。据说，这些纳粹党人后来散居在很多地区，而且早在战败之前就已经营建了最后堡垒。他们一直在研制最新武器，等待机会重建"第三帝国"。据说这种武器被称为"飞碟"，是纳粹德国的王牌武器。第二次世界大战结束前，希特勒已下让将与飞碟有关的人员和资料全部转移到隐蔽的堡垒中。落合信彦的话让人惴惴不安，然而话中的真实性却令人怀疑。他是如何得知"最后部队"军事机密的？在盟军的严密包围中，25万德国人如何集体逃亡？他们逃亡后又如何生存？对于这些疑问，至今仍是众说纷纭。

▽ 希特勒真有一支25万人的"最后部队"吗？

▷ 纳粹的飞碟真的存在吗？

少年探索·发现系列

意大利战犯的莫名被释

意大利战犯因何被赦免？
意大利政府真的对战犯有意包庇吗？

德国与意大利的纳粹头目

墨索里尼和他手下的法西斯头目

第二次世界大战后，同盟国清算法西斯暴行的行动似乎仅仅集中在德国法西斯和日本法西斯中，而同样在战争中犯下滔天罪行的意大利法西斯却成功地逃避了清算。这是因为，盟军为了尽快争取尚有相当实力的意军投降，使之转而对德宣战，促进战争的早日结束，决定在意大利交出主要战犯的条件下，赦免包括意大利国王在内的1199名原被列为战犯的意大利人。但令人不解的是，许多曾犯下重罪的主要战犯也被赦免。例如，一名名叫拉瓦利安的意大利军官在二战时期曾肆意杀害希腊人，还下令将滚烫的油浇到70名犯人的身上。但在战后，拉瓦利安却平安地回到了意大利，还当上了意大利总理的顾问。1989年4月30日，89岁的拉瓦利安去世。种种迹象表明，并不是人们不追究拉瓦利安的罪行，而是他被意大利政府有意保护了起来。为什么个别犯有重罪的法西斯分子能逃避惩罚呢？这其中究竟有什么样的内幕呢？我们不得而知。

战败后的法西斯分子

最不可思议的**军事未解之谜**

消失的隆美尔财宝

隆美尔真的埋藏了一批财宝吗？
隆美尔将财宝藏在何处？

▲ 隆美尔

第二次世界大战时，德国陆军元帅隆美尔从北非的阿拉伯人手中夺取了大量的财宝。1943年初，战局急转直下，隆美尔被蒙哥马利元帅统领的英军沙漠部队团团围住，战争失败的命运已无可挽回，隆美尔开始同手下处理陆续从各地掠夺来的一大批财宝。

仔细研究后，隆美尔决定派遣亲信将大批财宝藏匿起来。同年3月8日凌晨，一支装载了36个金柜的德军车队秘密出发，向沙漠小镇杜兹驶去。与此同时，一支负有藏宝使命的德军高速摩托艇部队出现在地中海上，准备渡海前往意大利藏宝。不料，到达杜兹的车队藏匿好宝藏返回时被英军拦截，全军覆没。而快艇部队行至法国科西嘉岛时也被英军阻击，在科西嘉岛附近沉没了。1944年10月14日，隆美尔因受到刺杀希特勒未遂的"女武神计划"牵连，被希特勒勒令自杀。从此，隆美尔财宝究竟藏在哪里就成了一个不解之谜。

▷ 隆美尔是否将财宝藏在了沙漠之中？

少年探索·发现系列

"大德意志之宝"的下落

"大德意志之宝"真的存在吗?
宝藏的知情者为何纷纷被杀?

1944年,德国一支部队接到了希特勒的密令:"把当时还留在德国银行内的所有财宝以'国家财产'名义隐藏起来。"这批宝藏称为"大德意志之宝"。此后,近千辆卡车便开始转移德国银行内的财产。这笔财产按当时的估价,相当于7000亿法郎。

1945年,美国陆军上将巴顿将军的先头部队在德国魏玛的一座盐井底下发现了一处纳粹藏匿宝藏的地方,那里藏有285吨黄金、价值5.2亿美元的各种货币和200万册珍贵图书。之后,人们相继在德国各地都发现了大量宝物。但迄今为止,仍有许多珍宝下落不明。而且自从1946年后,开始不断有寻宝者被杀事件出现。人们猜测,这很可能是护宝的纳粹分子所为。现在,许多国家的政府都密切关注着这笔财富。人们期待着剩余的"大德意志之宝"能有一天重现于世。

▽ 在德国的地域上,还有哪些地方埋藏有纳粹的宝藏呢?

△ 人们在德国的魏玛发现了纳粹的宝藏。

最不可思议的军事未解之谜

瑞士银行洗钱之谜

瑞士银行与纳粹有什么秘密交易？
纳粹真的在瑞士银行中存入了巨额财富吗？

　　自20世纪90年代以来，美国陆续解密了千余份二战时期盟军的文件。据其中一份备忘录记载：二战期间，纳粹德国把掠夺来的数以亿计的财富送往中立国瑞士，瑞士银行则帮助德国洗钱，并把这笔巨额财富兑换成了瑞士法郎。虽然这种交易是在极度秘密的地下状态进行的，但终究难以瞒天过海。据说，纳粹德国对瑞士非常信赖，因此将大部分财富存入瑞士银行。但瑞士政府在这个问题上遮遮掩掩，遭到了瑞士国内和国际舆论的一致谴责。一些国际舆论甚至指责瑞士银行接受纳粹财富是分赃行为。这一系列指责严重损害了瑞士银行的国际形象。部分瑞士国民也觉得政府应当把历史真相查清。但事情已经过去了半个多世纪，几乎所有的当事人和知情者都已不在人世了，再加上瑞士银行一套纷繁复杂的保密制度，无疑又加剧了查清问题的难度。瑞士银行里是否真的藏有纳粹的巨额财富？这已经成为一个难解之谜。

▽ 总部设在苏黎世的瑞士银行，难道真的存有纳粹的巨额财富吗？

少年探索·发现系列

神秘失踪的**纳粹**战犯

众多的纳粹战犯为何没有被绳之以法？美苏真的会豢养纳粹战犯吗？

第二次世界大战刚刚结束后，国际法庭开始对纳粹战犯进行审判。然而奇怪的是，纳粹德国的许多重要战犯神秘失踪了。

▲ 德军代表在投降书上签字。

数十年后的今天，人们从美国解密的档案得知：双手沾满无数犹太人鲜血的海德里希并非失踪，而是投靠了美国，成为了美国对抗苏联的工具。美国中央情报局于2001年4月27日解密的文件还揭示了另一名纳粹头目巴比也在为美国中央情报局效力的"内幕"。声名狼藉的巴比屠杀了许多法国爱国人士和住在法国的犹太人，战后却很快就消失得无影无踪。解密文件透露，战后法国要求引渡巴比时，美国陆军反间谍部部长不惜亲自出面为其暗中说情，保护了巴比，并设法把他送到南美。此外，第二次世界大战期间，身为医生的门格尔利用奥斯威辛集中营囚犯大肆进行"医学实验"，由此有了"死亡医生"这个恐怖的绰号。

▼ 第二次世界大战期间，在奥斯威辛集中营遇害的犹太人达到110万左右。

军事档案 Military

战后的德国

第二次世界大战结束后，德国被分成4块占领区，东区由苏联占领，西北区由英国占领，西南区由美国占领，西区由法国占领。大柏林区由4国共同占领。美苏开始冷战后，德国又被分裂为东德和西德。

战后他被指控对集中营数十万犹太人的死亡负有直接责任。但令人费解的是，战争结束前夕他也从人们的视线中神秘地消失了。新近解密的美国档案显示，门格尔于1954年在神秘机构的帮助下逃到了巴拉圭，后又离开巴拉圭潜入巴西，换名为沃尔夫冈·吉尔哈达德，直到1979年游泳时才突然中风身亡。

  2001年4月，美国大屠杀纪念馆举行了一个新闻发布会，美国司法部官员罗森鲍姆意味深长地说道："冷战的真正获胜者是纳粹战犯！"罗森鲍姆还表示，有6名纳粹重要战犯在第二次世界大战后为美国服务，还有6名纳粹战犯为苏联服务。

  有人认为，美苏之所以不追究那些有利用价值的纳粹战犯，是为了利用他们对付敌国。但是纳粹战犯罪行累累，苏联为争取反法西斯战争的胜利更是付出了沉重代价，他们真的会无视纳粹战犯的累累罪恶而保护他们吗？这一切我们不得而知。

▼ 1946年，国际法庭审判战犯。

少年探索·发现系列

探察猪湾事件内幕

猪湾事件是谁策划的?
卡斯特罗为什么能轻易挫败这次入侵呢?

1961年4月17日黎明,1400名古巴流亡分子从猪湾登陆,侵入古巴,制造了猪湾事件,古巴领导人卡斯特罗果断反击,迅速平息了此事件。

△ 古巴领导人卡斯特罗(中)

据美国与古巴两国的解密档案显示,猪湾事件完全由美国中情局一手策划,希望借此推翻古巴卡斯特罗政府。但卡斯特罗却用短短72小时就挫败了这次入侵。美国政府支持的此次行动为什么会轻易失败呢?有些人把失败的原因归结于美国中情局的轻敌,以及对古巴国内会响应入侵的人数过分乐观。但更多的人认为,美国中情局做事一向谨慎,不会犯此类错误,是苏联插手了此次事件,才使得猪湾事件轻易解决。历史的真相究竟如何?现在还没有人能够做出有说服力的解释。

▽ 古巴首都哈瓦那

最不可思议的**军事未解之谜**

古巴**导弹危机**谜案

古巴导弹发射场是谁修建的？
苏联为何在古巴导弹危机中采取妥协政策？

20世纪60年代初，美、苏两国导弹数量的比例是5∶1，苏联政府对此担忧不已。为了迫使美国从土耳其或靠近苏联的地区撤除导弹，苏联国家领导人赫鲁晓夫决定在古巴部署苏式导弹。1962年10月14日，美国侦察机带回了一份对古巴侦察后所拍摄的图片资料。美国五角大楼的专家在对该资料进行分析后，发现苏联人正在古巴修建导弹发射场。10月22日，美国总统肯尼迪下令：立即对古巴进行军事封锁。此后，大批美国海军军舰和2万名海军士兵开始执行封锁任务。

这一消息传到莫斯科，赫鲁晓夫立即意识到，一定是古巴的导弹出现了问题。于是，他马上下令将美国所谓的"进攻性武器"拆卸，并装箱运回苏联。一向对美国态度强硬的苏联为何在这次导弹危机中做出如此明显的让步呢？精明的赫鲁晓夫在事前不可能没有预见到事情的严重性，可他为什么要把导弹运到古巴，然后又运回来呢？至今这仍是一个未解之谜。

▶ 美国拍摄的古巴导弹发射基地的照片

▶ 向古巴运送导弹的苏联船只

51

少年探索·发现系列

▷ 入侵越南的美国士兵

"老虎部队"是否杀人如麻

"老虎部队"是怎样一支部队？
美国政府为何对"老虎部队"事件反应冷淡？

1965年，随着越南战争全面升级，越来越多的美军地面部队开始入侵越南。在这些部队当中，有一支代号为"老虎部队"的美军特种部队。整个战争期间，这支只有几十人的队伍毫不起眼，但30多年后，他们却突然成为世界关注的焦点。

事情的起因是美国俄亥俄州的《刀锋报》的一名编辑因为一次偶然的机会，看到了五角大楼中秘密存档的一份有关美国在越南战争中，"老虎部队"曾经屠杀过手无寸铁的平民的绝密文件。经过报社的细致调查取证，很多证词和证据逐渐表明："老虎部队"隶属于美军王牌部队第101空降师，最初由45名具有丰富战斗经验的伞兵组成，后来不断补充作战人员，形成了一支颇有战斗力的小型特种部队。头顶着王牌称

▷ 入侵越南的美国特种部队

52

最不可思议的军事未解之谜

▶ 越战中,美军正在驱赶越南平民。

号,"老虎部队"刚踏上越南战场时根本没有把越南游击队放在眼里。但这支不可一世的部队很快就陷入了越南人民的游击战争中。于是他们把怨恨全部发泄到越南平民身上。"老虎部队"枪杀了众多无辜平民。无论男女老少,只要看到人,他们就会开枪射击。一个老兵回忆道:"无论他们跑还是不跑,都会有子弹向他们飞去。"甚至还有一些士兵用刀将越南人的耳朵、头皮割下来,作为自己的战利品。调查中,有27名士兵称从越南平民死者头上切下耳朵在当时是很普遍的行为。

几十年后,一些健在的越战受害人开始向美国索赔,但美国政府却对此反应冷淡。五角大楼的发言人用一句轻描淡写的话再次将这些惨案束之高阁:"由于没有新的、引人注目的证据,军方不打算重审此案,那已经是30多年前的事情了。"

当时的真相究竟如何呢?美军在越南战争中果真如《刀锋报》所述,进行了惨绝人寰的大屠杀吗?据说,美国陆军刑事调查指挥部掌握更加详细的调查记录,却始终缄默不语,拒绝公开这些资料。尽管事情并未得出公认的结论,但是真相终将一步步地被揭开。

军事档案 Military

越南战争

越南战争是越南人民抗击美国侵略的民族解放战争。1961年,美国破坏《日内瓦协议》,扶植西贡政权,在越南发动战争。但在各国人民的大力援助下,越南军民粉碎了美军的攻势,美军最终撤出越南。1975年5月1日,越南解放。

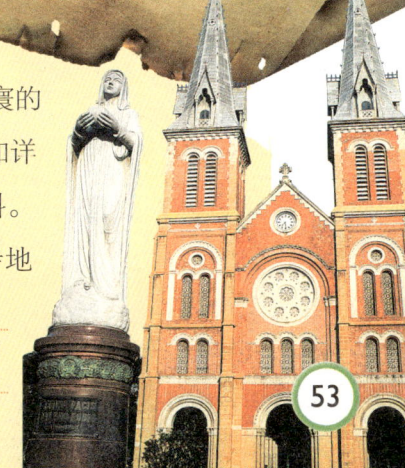

▶ 越南胡志明市的标志——红教堂

探寻中国最早的军队

原始社会有军队吗?
最早的军队被用于什么目的?

军队在中国历史的进程中出现得很早,但军队具体是在什么时候出现的,却没有定论。有人认为是原始社会末期——公元前26世纪至公元前22世纪。那时部落联盟已经形成,为了部落联盟的利益,会形成部落联盟之间作战的局面,所以军队的出现就非常有必要了。但更多的人认为军队的出现是在奴隶社会初期的夏朝——公元前21世纪。这种观点认为军队是国家机器,它是为了保护国家而建立的,因此夏朝后才有必要建立军队。后来考古学家又从甲骨文中发现,在殷商时期,也就是公元前17世纪至公元前11世纪,中国曾经建立过一支庞大的军队。那时的军队在数量和装备上都已经具备了相当的规模,兵种也已经细化,主要的兵种包括步兵和车兵,他们身着铠甲,手持各种各样的青铜武器,并建立了完备的组织。由于这是关于军队的最早记载,所以部分学者认为最早的军队出现在商朝。关于这一问题人们仍在争论不休,真正的答案还有待更多的史料证明。

涿鹿之战是否标志着军队的产生呢?

据说,在殷商时期,装备完善的军队就已经出现了。

军法诞生日之谜

《甘誓》中记载有军法吗？
军法是在哪个朝代被创立的？

▶ 古代军士像

根据《尚书·甘誓》记载：夏朝初期，夏帝启攻打有扈氏时，召集六军统领商议军事，发布了一项指令，其中就有对参战者的奖惩规定。这种奖惩规定具有严格的约束性，如其中记载有"不用命戮于社"一条，意思是不执行王命的人，就会被处决。据此，有人认为这是最早的军法。但也有学者指出，这种口头的规定有很大的随意性，与严格的军法尚存在很大的区别，真正的军法形成于春秋战国时期。据考证，在出土的《军爵律》《商子》等史籍文物中记载了军中作战的奖惩规定，这些严格具体的规定充分体现了军中依法办事的严肃性，这很可能就是军法的最早形式。但还有人根据《周礼·夏官》的记载断定，在夏朝时，军队就已经出现了军队编制，军法也相应产生。但是，这种说法也未能得到确切的证实。因此，我国军法创立的确切时间，还需要专家进一步研究论证。

▶ 军法的诞生使军纪更为严明。

少年探索·发现系列

武王伐纣究竟在何时

作为下属国的周为何能打败商？
武王伐纣的时间为何众说纷纭？

▷ 周武王

武王伐纣是周朝兴盛、商朝灭亡的转折点，在中国历史上具有划时代的意义。商朝最后一个国王商纣统治非常残暴，社会矛盾日趋尖锐。而周原来只是商朝的属国，但周文王励精图治，并起用很有军事才能的姜尚作为军师，实力渐渐可以与商朝对抗了。周武王即位后，便做好了攻打商朝的准备。公元前11世纪时，武王率兵在商都的郊外牧野与商纣展开决战。受尽压迫的商朝奴隶阵前起义，引导周武王的军队攻入商都。纣王见大势已去，遂放火自焚，商朝随之灭亡，周朝建立。

奇怪的是，对于这件重大的历史事件，史书上却没有记载其明确的年代。因为我国有确切记载的纪年始于公元前841年，在这之前的史实年代均要通过推算才能得出。由于上古史料的缺乏，人们要推算武王伐纣的年代十分

◆ 姜尚深得周文王的敬重和信任，因此其军事才能在伐纣战役中得到全面施展。

最不可思议的军事未解之谜

▲ 武王伐纣

困难。而这场大战到底发生在哪一年，只有许多相关的天象记录，但也是几百年后的追述，而且普遍存在文辞简略、含义不清、互相矛盾等问题。历来的研究，在100余年范围之中，竟有44种结论。

根据《国语·周语下》中的记载："昔武王伐殷，岁在鹑火。"有人认定，武王伐纣在酉年。又有史书记载："自武王灭殷以至幽王，凡二百七十七年也。"但用干支纪年法推算，从幽王上溯277年的结果却并非"酉年"。据说武王伐纣时，天空中有彗星出现。因此，一些天文学家推算出，武王伐纣当在公元前1057至公元前1056年。而2003年5月18日出版的《科学时报》报道："九五"重大科研项目"夏商周断代工程"提交了三个结果，分别是公元前1046年、公元前1044年和公元前1027年。众多的说法使武王伐纣的年代难以得出定论。

军事档案 Military

商纣暴行

商朝最后一个国王叫纣，他是中国历史上有名的暴君。他兴建华丽的琼楼瑶台，并"以酒为池，以肉为林"。此外，他还设置了"炮烙"等酷刑。他的这些做法使社会矛盾越来越尖锐，最终导致了商朝的灭亡。

少年探索·发现系列

找寻牧野之战战场

牧野之战究竟发生在何处？
"牧野"是具体的地名还是方位代称？

商朝末年，周文王暗中积蓄力量，积极争取盟国，各个击破商西部属国，奠定了灭商的基础。周武王与诸侯结盟，向朝歌派遣密探，加紧了灭商准备。时机成熟后，武王率兵伐纣，大军来到牧野后，商军纷纷倒向周军，商朝大败，这就是著名的牧野之战。但是，牧野之战究竟发生在什么地方呢？这个问题始终困扰着人们。尽管《中国通史简编》一书认为，"牧野"位于现在的河南淇县，但有不少学者并不赞同这种观点。有学者认为，所谓"牧野"泛指河南境内黄河以北地区；还有学者认为，"牧野"在现在河南新乡的郊区；另外《尔雅·释地》一书中说，"牧野"其实是一个方位的统称，而并不是特指一个地名。许多历史学家对"牧野"的属地进行了大量的研究，他们的观点也都不一致。"牧野"究竟在什么地方，目前还没有一个肯定的说法。

安阳殷墟博物苑

牧野之战

最不可思议的军事未解之谜

寻找威名久驻的孙武校场

孙武真的曾"演阵斩姬"吗？
孙家桥是当年的孙武校场吗？

▷ 孙武

孙武是我国春秋时期伟大的军事家，他用兵如神，治兵有方。据说，孙武在校场练兵时，吴王的两位宠姬不听命令，被孙武斩首示众。这段"演阵斩姬"的故事被后人传为佳话，而当年的校场究竟在今天的什么地方，也成了人们关注的焦点。据清朝的《苏州府志》记载："孙武子宅在枫桥西南孙武子桥侧。"据说孙武就是在"孙武子桥"操练军队的，而且他也居住在这里，因此很多人认为，位于苏州城西阊门外的孙家桥就是当年孙武的操练校场。但也有人认为《苏州府志》的成书时间与春秋时期相隔甚远，而且书中并没有拿出令人信服的实据，所以不足为据，而吴县胥口乡的蒋墩才最有可能是孙武当年演练吴兵的校场。当地现在还存有校场山、二妃庙、二妃墓等遗址。看来，当年孙武怒斩美姬的校场究竟是在何处还不能妄下定论，需要人们再花时间继续研究。

◯ 孙武演兵，怒杀吴王宠姬。

少年探索·发现系列

追查赵军的人数

长平大战中,赵国的降卒有40万之众吗?秦国能以30万人大败赵国的40万大军吗?

公元前260年,秦赵两国在长平展开大战,赵军大败。据正史记载,秦军竟将人数达40万的赵国降卒全部活埋。"40万"这个数字让很多历史学家产生了疑问。首先,秦国的兵力最多不超过60万。而据史书记载,长平之战后不久,秦国攻打赵国邯郸,用兵比长平之战时多出了一倍,那说明长平之战最多用了30万兵力,以30万兵力围歼40万赵军而获胜,这在古代的战争中是很难做到的。其次,长平之战的第二年,秦国大举进攻赵国,而秦国名将白起却认为赵国兵力雄厚,这时进攻时机不成熟。但是秦王执意用兵,果然如白起所料,大败而归。这就说明,赵国在长平之战中并没有受到伤筋动骨的重创。《三国志·魏书·国渊传》认为,各国的史官在记录战果时,往往以一当十。如此看来,长平之战中被俘虏的赵军究竟是不是真有40万,还不能太早下定论。

▶ 赵括兵败长平。

秦兵马俑坑被何人所焚

秦兵马俑坑的被焚是人为还是天灾？是秦人自己焚毁俑坑的吗？

△ 兵马俑博物馆外景

△ 考古学家曾在发掘"百戏俑坑"时发现遭焚的痕迹。

秦兵马俑坑位于陕西省西安市临潼区，总面积达2万多平方米，坑内兵马俑以步兵、骑兵、车兵等多兵种混合编队，再现了秦始皇当年规模宏大的军阵。但是，考古学家在挖掘现场时发现，秦兵马俑坑曾遭受过大火的焚毁。那么，是谁焚毁了秦兵马俑坑呢？

不少学者根据历史推测，兵马俑坑是被项羽烧毁的。但是史书中只是明确记载了项羽焚烧阿房宫，而对烧毁秦兵马俑坑的事却只字未提。如果秦兵马俑坑真是项羽所焚，史书为什么要避而不谈呢？因此又有学者认为，秦兵马俑坑遭焚毁不是人为的，而是由于地下沼气自燃引起火灾所致。此外，还有学者以古代丧葬制度和民俗学的资料为据，认为秦兵马俑坑是秦人在陵墓建成后，自己放火焚毁的，因为在古代丧葬礼仪和一些少数民族丧葬礼仪中，确实存在烧毁祭葬物品及墓前某些建筑物的风俗。

以上的这些说法中，到底哪种说法更接近历史真相呢？秦兵马俑坑的被焚还有没有其他的可能性呢？至今，考古学家仍在探讨其真实的答案。

少年探索·发现系列

秦朝十二铜人之谜

秦始皇为何要铸造十二铜人？
十二铜人真是被项羽烧毁的吗？

战国末年，秦始皇先后灭韩、赵、魏、楚、燕、齐六国，公元前221年，他完成了统一全国的大业。之后，秦始皇为了巩固政权，建立了一整套从中央到地方的严密统治机构。此外，他还颁布了一些其他的命令，其中有一条就是下令收缴天下兵器，铸成十二铜人。秦始皇铸造这十二个巨大的铜人目的何在呢？这主要有以下两种说法：一种说法是秦始皇在灭六国后，梦到天象大变，鬼神作怪，醒来后他惊恐不已，于是采纳一名道士的主张，制十二铜人，以驱邪祈福。而更多的人则偏向于另一种说法，认为秦始皇在统一全国后，十分担心六国人民反抗，这时临洮有传言说有人见到了十二个巨人，还留传有一首"渠去一，显于金，百邪辟，百瑞生"的童谣。秦始皇受此启发，便下令收缴民间所有兵器，集于首都咸阳加以销毁，并用这些兵器铸成了十二个巨

▲ 秦始皇统一了货币。

▲ 秦长城遗址

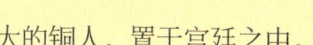

最不可思议的军事未解之谜

大的铜人，置于宫廷之中。

但是从此之后的史书都没有对十二铜人的记载。这些铜人仿佛突然消失一般，无处可寻了。它们究竟去了哪里呢？关于铜人的下落，目前主要有以下几种说法：有的学者认为，公元前208年时，西楚霸王项羽攻克秦都咸阳后，便放火烧了阿房宫，十二铜人也一起被烧毁了。这种说法因为历史上没有正式记载，所以赞同的人不多。有的学者认为，十二铜人成为汉朝王室的装饰品，留传到汉末。其中有十个被权臣董卓销毁，铸成了铜钱，另外两个被他迁到长安城里。至三国时，魏明帝曹睿下令把这两个铜人送往洛阳。当工匠运到溺城时，由于铜人太重难以搬动而终止了搬运。到了前秦时，秦王苻坚统一了北方，后将两个铜人销毁。还有的学者认为，十二铜人并未被销毁。因为它们是秦始皇生前喜爱之物，所以在秦始皇陵建造好之后，被当作随葬物品葬在了秦始皇陵中。到底哪一种说法准确呢？这还有待于学者的进一步考证。

◆ 秦始皇陵外景

◀ 秦王阅兵

军事档案 Military

秦始皇简介

秦始皇（公元前259年—公元前210年）名政，出生于赵国。他13岁即王位，自公元前230年至前221年，先后灭六国，完成了统一全国的大业，建立了中国历史上第一个统一的、多民族的、专制主义中央集权制国家——秦。

千古谜团鸿门宴

刘邦为何能从封锁严密的敌营中脱身？
项羽为何没有在鸿门宴上杀死刘邦？

秦末时，反秦起义如火如荼，起义军声势越来越大。项羽与刘邦所率的起义军是其中较有实力的两支。公元前207年，项羽一路与秦主力部队苦战，大破秦军，乘胜向咸阳进发。而这时，刘邦已经趁机抢先占领秦都咸阳。项羽听说后勃然大怒，率40万大军，屯兵鸿门，准备消灭刘邦。刘邦得到消息后，立刻赴鸿门向项羽致歉。项羽原谅了刘邦，并设宴招待。之后，刘邦借如厕之机逃回本营。

兵力雄厚的项羽

令人不解的是，在这样戒备森严的鸿门宴中，刘邦是如何脱身的呢？历史上有的学者认为，在秦末的宴饮中，"多有更衣或如厕竟去，而主人不知者"。并且由于刘邦有快马，因而得以逃脱。但大多数学者认为这种说法过于牵强。试想在鸿门宴上，刘邦的一举一动无不在范增等人的严密监视之下，他怎能逃脱呢？于是他们认为，刘邦是项羽有意放走的。

但项羽为何放走刘邦而不杀掉他以绝后

据记载，刘邦曾沿着古蜀道之一的陈仓道进军咸阳城。

最不可思议的军事未解之谜

患呢？对个中缘由人们看法不一。前人大多数认为这是项羽不听谏言，狂妄自大的表现。因而他的失败也是必然的。

但近年来不少学者通过研究当时背景，重新探讨这个问题，认为项羽是因为念旧情而没杀刘邦。项羽为人血气方刚，有他残暴的一面，也有慷慨磊落的一面。范增也曾对项羽做出"君王为人不忍"的评价。

除了上述观点，还有人认为鸿门宴上项羽放走刘邦是出于对当时形势的考虑。在当时，就大局而言，项羽的实力远高于刘邦，杀掉刘邦并无实质上的意义。而放走刘邦，则既可降伏刘邦，又维护了自己反秦盟主的声望与地位，何乐而不为？

不论是什么原因使项羽在鸿门宴上放走对手，都令他最终落败。或许正因为如此，项羽的悲剧才更令人扼腕叹息。

▼ 鸿门宴上，项庄曾舞剑想伺机杀掉沛公（刘邦）。

军事档案 Military

巨鹿之战

公元前207年，宋义与项羽率军赴巨鹿（今河北平乡西南）援赵。宋义半路驻军不前。项羽杀宋义，率军渡黄河，令军士砸毁铁锅，凿沉渡船，与秦军决战。军士因此士气大振，九战九胜，大破秦军主力，解巨鹿之围。

探寻赤壁之战的真相

是曹操烧了自己的船只吗?
曹军失败是由于血吸虫病吗?

▲ 赤壁兵败,曹操狼狈而逃。

◆ 曹操

公元208年,曹操与孙刘联军在今湖北江陵与汉口间的长江沿岸进行了一场大会战,史称赤壁之战。这是我国历史上一次以弱胜强的著名战役。赤壁之战虽已过去了千年之久,但人们对它的研究却从未终止过。过去学术界几乎都认为曹军失败的致命原因是遭遇孙刘联军的火攻。这点在《三国志·蜀书·先主传》《资治通鉴》中都有明确的记载。但是,随着社会的进步,近些年来,有学者对火攻论提出了质疑。他们认为,曹军之所以会失败,是因为军队遭遇瘟疫,导致战斗力丧失,而不是由火攻造成的。更有人明确指出血吸虫病才是造成曹军赤壁战败的真正原因。从曹军主帅曹操在战后写给孙权的一封信中可看出,他不承认失败是因为遭到火攻。这封信中记载着:赤壁之战,有疾病侵袭,我烧船而退,使周瑜不战而胜。而《吴书·吴主传》中也有曹操自己烧掉战船一说,"曹公烧剩余船而退败"。由此,部分学者认为,火攻

军事档案 Military

三国鼎立

赤壁之战后,孙权和刘备借机发展各自的势力。刘备占益州,夺汉中,奠定了蜀汉的基础。孙权在江淮扩张势力,占领岭南,做好了建吴的准备。而曹操仍稳拥北方地区。魏、蜀、吴三国鼎立的格局初步形成。

> 这是现代人所猜测的赤壁遗迹之一。

一说不足信,曹军失利的主要原因是当时流行的血吸虫病。支持这一观点的包括众多国内著名医师。他们从三个方面进行了阐述。一是根据历史记载及近代研究,证明血吸虫病是我国一种古老的疾病。而赤壁之战的战场恰恰是当时血吸虫病严重流行的地区。二是从时间上来说,赤壁之战恰逢血吸虫病的感染季节。三是曹军刚到南方安营,不像孙权的军队早已对血吸虫病有了防备的方法,因而感染者众多。

但反对疫病说的人则认为,曹操训练水军不是在疫区江陵,而是在邺城(河南安阳境内),这个地区没有发生过血吸虫病。再者,血吸虫病的潜伏期一般在一个月左右,少数在两个月以上,潜伏期越长,发病的症状也就越轻,所以即使曹军在秋季患上了血吸虫病,到大战爆发时也只是刚刚发病,不会影响作战能力。

尽管火攻说遭到质疑,疫病说也有缺陷,但赤壁之战的结果却是毋庸置疑的:它初步奠定了三国鼎立的基础,并深刻地改写了中国的历史。

> 赤壁之战时的曹营水军

神秘莫测的"八阵图"

神秘的"八阵图"是什么样的？
"八阵图"的遗址在何处？

△ 诸葛亮

"八阵图"是古代军队的一种集体战斗队形，也有人认为它是古代行军作战的一种阵法，实战中变幻莫测，威力极大，是千百年来公认的一种上乘阵法，传为诸葛亮所创。明代军事理论家茅元仪所修订的《武备志·诸葛亮与复江八阵图》中记载："八阵图"由天、地、风、云、龙、虎、鸟、蛇八种阵势组成，每阵皆以相应名称的旗帜指挥。同时，它又用八八六十四卦表示大小战斗队伍的番号，可以随机组成任何一种战斗队形。使用时将部队分布在八个方向，每个方向又分成八个小方阵，形成流动变幻的六十四个作战单位。中央是指挥机构，即人们常说的"中军"。作战时，按照"中军"的预先布置，各小方阵都有明确的任务，敌人变动，随之变动。正所谓"常山之蛇，击首则尾应，击尾则首应，击中则首尾皆应"。"八阵图"成为克敌制胜的一大法宝。诸葛亮用它"以巴蜀弱卒数万东屯渭水，天下震动"。《三国演义》中也讲诸葛亮不费一兵一卒，仅用数十个石堆，便令万千东吴精兵不敢向前，可见它的威力不可小视。

▷ 据说，诸葛亮的"八阵图"是从自然万物及中国的八卦五行之中推演而来的。

▲ 诸葛亮善于用阵法、计谋克敌制胜。

"八阵图"如此神奇，人们对它的关注也经久不衰，众多的学者开始了对"八阵图"遗迹的考证。按照《三国演义》的描写，人们自然将寻找的目光投向书中所描写的夔关。北魏地理学家郦道元在《水经注·江水》中记载："江水又东，迳诸葛图垒南。"对此他解释说："（那里）石碛平旷，望兼川陆，有亮所造'八阵图'。"

也有人指出，诸葛亮的"八阵图"遗迹不止一处。如郦道元的《水经注》中还记载，在今天陕西省的沔阳县还有一处："（定军）山东名高平，是亮宿营处……营东即'八阵图'也。"《晋记》和《汉中府志》中也对此处的"八阵图"有所记载，但由于无迹可寻，因而无法确定。"八阵图"离我们现在已经有近2000年的历史，它的真面目我们难以得知，而其遗迹现在也模糊难辨，只有诸葛亮的智慧令后人深深折服。

军事档案 Military

诸葛亮简介

诸葛亮（181—234年），三国时杰出政治家、军事家。他辅佐刘备，联孙抗曹，大败曹军于赤壁，使刘备得以发展势力。后来他辅佐后主刘禅，前后5次北伐中原，多因粮尽无功而返。234年，诸葛亮病逝于五丈原军中。

少年探索·发现系列

疑窦丛生的玄武门之变

玄武门之变是指什么？
李世民是为了夺权而杀死兄弟的吗？

唐太宗李世民在位的22年时间里，由于知人善任、锐意改革，使国内经济一片兴旺，国力强盛，社会安定。但是，这样一位圣明天子却是通过玄武门之变夺取政权登上王位的。

对于玄武门之变的起因，历史上存在着争议。史书上记载，李世民屡建奇功，深得人心，唐高祖李渊有意把太子之位传给他。所以，作为太子的李建成为了保住太子之位策划了一场兵变，想除掉李世民。但这次兵变没有成功，李世民早已得知了哥哥的阴谋，并为了自卫而杀死了太子李建成与支持太子的四弟李元吉。但是有学者认为，李世民杀太子是早有预谋的。他先假传圣旨召李建成与李元吉进宫，又派亲信埋伏在玄武门旁，等二人来后便将他们射杀，这是一次彻彻底底的篡权谋反。玄武门之变中，李世民到底是自卫还是谋反呢？这还是个谜。

△ 唐太宗李世民

▷ 玄武门之变

70

最不可思议的军事未解之谜

唐朝藩镇割据是如何形成的

繁盛的唐朝为何会形成藩镇割据？
府兵制的瓦解对唐朝造成了什么影响？

◆ 唐朝时繁华的集市

唐朝从繁荣走向衰败，与藩镇割据日益严重有着密切的关系。但唐朝的藩镇割据是如何形成的呢？一部分学者认为是经济方面的原因。随着商品经济的日益发展，封建土地私有制显著加强，土地迅速向地主手里集中，同时，各地藩镇与富商大贾有着千丝万缕的关系，这为藩镇割据创造了有利的条件。

而有的学者认为，府兵制的瓦解才是藩镇割据形成的原因。唐朝前期以均田制、租庸调制和府兵制三大制度为立国之本，其中建立在均田制基础上的府兵制对政局的稳定至关重要。府兵制使军队集中在首都周围，形成"举关中之众以临四方"的态势，使地方不易造反；纳入府兵系统的均田农民农忙时务农，农闲时练兵。遇有战事，中央派将领统府兵出战；战事结束则兵散于府，将归于朝，使将帅不易专兵。但到唐玄宗时期，却变府兵制为募兵制，招募职业兵戍边，以节度使统领，藩镇割据也因此形成。

究竟是哪种原因导致了唐朝藩镇割据的最终形成呢？学者们仍在争论。

陈桥兵变是蓄谋还是被迫

契丹军队当时真的组织起10万大军犯境吗?
"黄袍加身"是由赵匡胤本人策划的吗?

五代十国时期,身为后周大将的赵匡胤作战有功,被提为殿前都点检,统帅禁军。960年春节,正当皇宫设宴欢度春节之际,忽报契丹进犯,军情紧急。符太后派赵匡胤率军迎敌。当大军走到汴梁东北的陈桥驿(今开封东北)时,军队中的将领给赵匡胤披上黄袍,宣布反叛。据说当时赵匡胤酒醉未醒,当清醒后见木已成舟,只好被迫同意。几天以后,赵匡胤就在汴梁府当了皇帝,成为宋朝的开国之君。

但有的学者却认为赵匡胤早有叛变之心,在京城之内谋反,回旋余地小,容易暴露,在京城外则方便得多。有了统兵的机会后,赵匡胤便

△ 赵匡胤的大将石守信

▽ 部将们将龙袍披在了赵匡胤身上,高呼万岁。

最不可思议的军事未解之谜

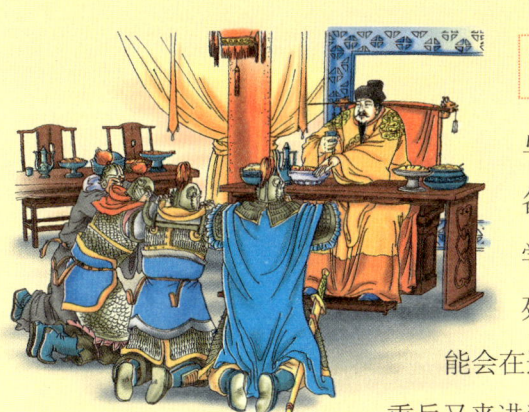

> 除了"黄袍加身"之外，发生在宋太祖身上的另一个著名事件就是"杯酒释兵权"。

与其弟赵光义以及赵普精心准备，最终篡夺了皇位。此外史学家经过研究还指出，周世宗死前刚讨伐过契丹，契丹不可能会在这么短的时间里组织起10万重兵又来进犯。因而这可能是赵匡胤在谎报军情。退一步讲，就算是契丹进犯，作为主帅的赵匡胤为何不火速奔赴边境，反而不紧不慢地将军队驻扎在离京不远的陈桥驿呢？可见，陈桥兵变是赵匡胤精心策划的，而所谓"黄袍加身"不过是他为了掩天下人耳目所导演的一出政治闹剧。

▼ 宋太祖赵匡胤

但根据正史的记载，赵匡胤并不是对皇位蓄谋已久，而仅仅是人心所向，被部下黄袍加身后，不得已只好同意当皇帝。《续资治通鉴》中记载赵匡胤率领大军回到开封后，对当时的宰相范质和王溥等人呜咽流涕道："吾受世宗厚恩，为六军所迫，一旦至此，惭负天地，将若之何？"据此看来，陈桥兵变确实并非出自赵匡胤的本意，而纯属突发事件。一些学者还认为，陈桥兵变前，镇、定两州没有谎报军情，因为这两州守将都不是赵氏集团的成员，他们不可能去配合赵匡胤的阴谋谎报辽国与北汉联军入侵的消息。

"千秋疑案陈桥驿，一着黄袍便罢兵。"有关陈桥兵变的内幕，后人议论纷纷，多有猜测，无可避免地使其成了千古之谜。

军事档案 Military

赵匡胤简介

赵匡胤23岁时投奔后周太祖郭威，征战沙场。世宗柴荣即位后，赵匡胤随世宗征北汉、南唐，战功卓越，被封为节度使。960年时，赵匡胤通过陈桥兵变，代周建宋，史称宋太祖，在位16年，49岁去世。

成吉思汗因何不攻印度

蒙古铁骑是如何称霸欧亚的？
成吉思汗真的碰到怪兽了吗？

1206年，蒙古各部推举领袖铁木真为全蒙古大汗。在大会上，铁木真在欢呼声中荣登大汗宝座，号称"成吉思汗"。"成吉思汗"意为"大海"，寓拥有四海的大汗。此时的蒙古汗国疆域空前辽阔：东自兴安岭，西至阿尔泰山，南达阴山山脉，北连贝加尔湖。

蒙古汗国建立后，成吉思汗将原来的部落单位打破，由原来的部落氏族首领担任首领，称万户长、千户长、百户长，官员实行世袭制。各编户单位既是行政组织，也是军事组织，平时放牧，战时出征，兵牧合一，全民皆兵。成吉思汗帐下还设有万人近卫军，称为"怯薛"。这是由大汗直接管理的最精锐部队。蒙古汗国在成吉思汗手里发展成为组织健全、兵力强盛的游牧国家。此后，又经过70多年的大规模战争，蒙古的疆域不断扩大，建立了大元帝国。

但令人不解的是，为何成吉思汗在攻下大半个欧亚大陆的战绩下，却对印度敬而远之呢？

据《元史》和《耶律楚材传》记载，成吉思汗没有攻打印度的原因

◎ 蒙古帝国虽一直对外扩张，却没有攻入印度。

▽ 成吉思汗

最不可思议的军事未解之谜

与成吉思汗在印度河遇到的一种被称为"角瑞"的怪兽有关。当年成吉思汗的部队攻到印度河时,忽见河滨出现了一只巨大的怪兽。成吉思汗命令将士准备弯弓射杀,忽然怪兽发出酷似人音的叫声,那叫声仿佛有"汝主早还"之音。大将耶律楚材立即阻止弓箭手,乘机对成吉思汗说这种巨兽叫"角瑞",是上天派来儆告成吉思汗少生屠戮,尽早班师的。

关于这段史书记载,有的人认为是一个神话,但有历史学家认为,奇形怪兽是有可能出现的,而且生活在印度的一些兽类是生活在草原的蒙古人并未见过的,至于把怪兽的叫声说成是"汝主早还",则极有可能是耶律楚材牵强附会,借怪兽的叫声规劝成吉思汗班师的计策。成吉思汗没有攻打印度真的是因为怪兽吗?一代天骄会因为耶律楚材略显牵强的劝说而放弃作战计划吗?如果不会的话,那么究竟是什么原因让成吉思汗放弃攻打印度呢?真实的原因还藏在历史迷雾的深处,令我们无法得知。

军事档案 Military

一代天骄

铁木真出生于1162年,是乞颜部的首领之子。他9岁时父亲被仇敌杀害。几年后,他收罗起父亲的旧部,逐渐统一了蒙古。之后,铁木真通过一系列战争,将蒙古帝国的疆土空前扩大,建立起地跨亚欧的大帝国。

▶ 一代天骄——成吉思汗

▶ 蒙古人世代放牧,逐水草而居。

少年探索·发现系列

莫名覆没的北洋水师

> 水洋水师是一支怎样的军队?
> 北洋水师为何会惨败?

△ 北洋水师提督丁汝昌

北洋水师是中国历史上最早建立的一支现代化海军舰队,当时堪称世界第六、亚洲第一。但是,这支舰队仅仅经历了中日甲午海战一役,就全军覆没了。这其中的原因究竟是什么?

有学者认为,北洋水师的覆没是清朝政府的软弱造成的。清朝政府将制海权拱手让给了日本人,因而使自己处于被动挨打的局面,北洋水师因此不战而败。还有学者认为,北洋水师提督丁汝昌在战役指挥中存在严重的失误,他让舰队死守空港,错失了战机,所以使北洋水师陷于困境。还有学者认为,1888年以后,舰队经费大幅减少,多被政府挪往其他各处,如修建颐和园工程等。当时正为海军技术突飞猛进之时,但北洋水师已多年未置新舰,部分更新工程,如更换新式火炮的计划亦未能进行。原有的战舰已开始落伍,无论航速、射速皆落后于日本,致使其逐渐失去优势,造成战争中的全军覆没。还有学者认为,北洋水师军费短缺,军舰上的大炮根本就打不响,所以才会有这样的惨败。

北洋水师虽已成为历史的尘埃,但其惨败的原因却令人疑惑,至今没有确定的答案。

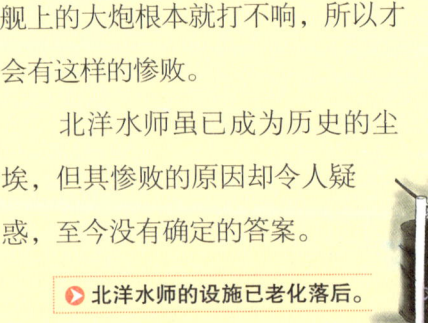

▷ 北洋水师的设施已老化落后。

最不可思议的军事未解之谜

火烧圆明园的内幕

圆明园被何人所烧毁？
真的是汉奸将英法联军引入圆明园中的吗？

圆明园是清代御苑，整园占地350公顷，兼取中外古典宫廷建筑之长，成为当时罕见的园林集大成者。而其中的奇珍异宝更是不计其数，被誉为"万园之园"。但在第二次鸦片战争期间，英法联军入侵北京，将园中凡能带走的宝物抢劫一空，太大带不走的则全部打碎。最后，他们又在圆明园中放了一把火，将一代名园烧为灰烬。

▲《圆明园铜版画·大水法正面》

火烧圆明园是清朝的奇耻大辱，因而正史中都避而不谈。但在一些笔记小品中，却流传着一个鲜为人知的内幕——一个名叫龚橙的汉奸将英法联军引入圆明园，从而导致了这场灾难。据《同治重修圆明园史料》中记载，龚橙是思想家龚自珍的长子，但他却为人狠毒，寡廉鲜耻。后来，他投靠了英法联军，并为他们做向导，将其引入圆明园中，大肆抢掠。可以说，他是圆明园被毁的帮凶。但事实是怎样的呢？关于龚橙这桩公案目前仍无定论，事实的真相还需更为有力的证据。

▶ 被烧毁后的圆明园

少年探索·发现系列

神秘消失的国民党军队

国民党某团成功突破日寇包围圈了吗?
这个团的战士为何会消失得无影无踪呢?

1937年12月初,近20万国民党官兵奉命参加南京保卫战。国民党部队虽然同仇敌忾,士气高昂,但装备十分落后,只有步枪、机枪、手榴弹及少量迫击炮,而乘胜进攻的日寇却装备精良。激战中,国民党的军队几乎全军覆没。该师有一个团,因担任警戒的任务,未直接参加战斗。为保存抗日武装力量,这个团的团长在战事失利后带全团2000多名官兵向南撤退,进入绵延十几里的青龙山区,之后便消失了。攻占南京的日寇总指挥部在战后统计侵略战果时,发现中国守军有一个团未被歼灭或俘虏,但该团似乎又没能突出日寇的两道包围圈。重庆国民党作战大本营于1939年统计作战情况时,也注意到这一怪事。抗战胜利后,国民党军政

🔺 作战中的国民党士兵

部、军令部都派出专人对此作专项调查,但仍没有找到这些失踪官兵,最终不了了之。至今,这个团的士兵去向仍是一个谜。

🔻 国民党官兵与日军展开激战。

[第二章]

千奇百怪的军事装备

自从人类有了战争,各种军事装备就层出不穷。古人用其惊人的智慧,发明了或无坚不摧或万夫莫开的各种攻守利器。现代人更是利用科技的发展,创造出千奇百怪的军事装备。这些由人类创造出的种种军事装备,也为人类留下了众多的疑惑:古亚述的"攻城机"为何能攻破敌人的铜墙铁壁?称雄一时的"诺曼底号"为何会突然起火?秦朝的兵器怎么能千年不锈?……在本章中,让我们一起来思考。

少年探索·发现系列

汉尼拔驱象上战场之谜

大象真的能打仗吗？
汉尼拔为什么要把大象带上战场呢？

自古以来，战争中所使用的阵法和装备花样百出，令人匪夷所思。据说，大将汉尼拔就曾将大象带入战场。汉尼拔是古代迦太基（位于现在北非的突尼斯）最优秀的将领，曾多次打败当时不可一世的罗马军队。公元前218年，汉尼拔曾率领4万大军以及40头大象翻越阿尔卑斯山，袭击罗马。其实，在古代历史上的许多战役中都出现了大象的身影，它们所起的作用和现代战争中的坦克类似。当庞大的象群前进时，敌军会被冲击得四处逃窜。不过汉尼拔所使用的大象均来自北非，这种象体形比较小。因此驱赶这种象上战场不仅占不了便宜，反而会成为一种负担。因为大象的速度显然比马要慢得多，而且每天需要吃掉大量的草料。事实上，汉尼拔的军队在翻越阿尔卑斯山以及后来过冬时，不少战象都死掉了。到第二年春天时，他原本带来的40头大象只剩下一头了。让人费解的是，精明、骁勇的汉尼拔为什么会带这些用处不大的大象上战场呢？直到现在，历史学家也百思不得其解。

▷ 在翻越阿尔卑斯山时，汉尼拔的战象损失惨重。

最不可思议的军事未解之谜

亚述**攻城机**的真面目

亚述为什么能战无不胜？
亚述的攻城机是什么样子的？

古西亚的亚述是个善战的民族。公元前732年，亚述吞并了叙利亚。公元前729年和公元前722年，亚述又分别吞并了古巴比伦王国和以色列王国，称霸一时。亚述之所以能够保持常胜，与他们精良的武器装备密切相关。亚述的弓箭手身披铁制鱼鳞甲，头戴铜盔或铁盔，防御能力极强。尤其值得一提的是，亚述人制造了一种称为"攻城机"的机器。这种机器几乎无坚不摧，是坦克的原型。学者们根据史书记载，对这种机器的样子做出了大致描述：攻城机像一只大笼子，下面有4个轮盘，前面是一枚又重又粗的大铜锤。大铜锤的头是尖的，直向前方，后面则用皮带牵动。攻城时，士兵拉动攻城机上的大铜锤撞向城墙上的堡垒，便会使坚固的堡垒损毁。但是亚述已与现在相隔2000多年，当时的战争装备无人能见，在考古工作中也尚未发现这种机器，因而这种称霸一时的攻城利器究竟是什么样的，我们还不能确定。

▼ 在亚述先进武器的攻击下，坚固的城池不久便会损毁。

▷ 右为根据想象绘制的亚述人利用攻城机作战的情景。

"俾斯麦号"沉没之谜

"俾斯麦号"是如何沉没的?
盟军的攻击是"俾斯麦号"沉没的根本原因吗?

▲ 第二次世界大战中的德军海军士兵

第二次世界大战中,纳粹德国海军最大的战列舰"俾斯麦号"对英国海上生命线构成了严重威胁。英国人调集了几乎所有的力量对付"俾斯麦号"。1941年5月27日,英军舰队终于在北大西洋将"俾斯麦号"团团围住。随后,英军飞机和舰船用炸弹和重炮将这艘海上巨无霸送入海底。舰上官兵2200人中,只有115人生还。此战被认为是英国皇家海军史上最辉煌的篇章之一。但是近年来一些美国专家经过研究称,"俾斯麦号"并非被英军火力击沉,而是被陷入绝境的舰上官兵凿沉的。

据"俾斯麦号"幸存者回忆,舰上官兵在舰体开始下沉前30分钟引爆了龙骨附近的炸药,这是该舰沉没的真正原因。探险家罗伯特·巴拉德也

军事档案 Military

俾斯麦简介

"俾斯麦号"的名字来自德意志的铁血宰相俾斯麦。俾斯麦是普鲁士贵族,于1862年9月被普王威廉一世任命为首相。他执政后进行了多次对外战争,最终建立起统一的德意志帝国。

▶ 护卫舰

在1990年出版的《发现"俾斯麦号"》中写道,"俾斯麦号"看起来仍然十分完好;司令塔厚重的装甲好像仍然可以抵挡敌人的猛烈火力。但英国海军部的战时报告却认为,德国人的炸药只是加速了已遭重创的"俾斯麦号"沉没的速度。

2001年6月,专家们首次潜入海底实地观测"俾斯麦号"。探险队的美国海军专家麦克拉伦等人通过舷窗对"俾斯麦号"进行了观察。他们虽只能对暴露于淤泥以外的舰身进行观察,但仍可见船身没有遭到炮火严重破坏的迹象。一名专家说:甲板和上面的设施上有许多弹坑,但两侧和水线下部分没有弹坑。水线上下环绕舰身的13英寸(约相当于33厘米)厚装甲带也没有严重受损,因此不可能是英国海军击沉了"俾斯麦号"。

美国的结论让英国不服。2001年7月,英国探险队也来到"俾斯麦号"沉船处,并在该舰装甲带以下发现了一些裂缝。美国人认为裂缝是"俾斯麦号"下沉时猛烈撞击山脉所致,但是英国探险队队长默恩斯认为,裂缝是被鱼雷炸开的,是德舰遭重创的证据。

最终导致"俾斯麦号"沉没的究竟是英军的重创还是舰上官兵的自我引爆呢?我们还无法获知真相。

▲ 德国"俾斯麦号"军舰

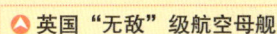
▲ 英国"无敌"级航空母舰

少年探索·发现系列

莫名起火的"诺曼底号"

"诺曼底号"的起火是由船员的疏忽引起的吗?
纳粹分子是否潜入了"诺曼底号"?

法国巨轮"诺曼底号"在第二次世界大战中被美国征用为军用运输船。1942年2月9日,正在进行改装工作、准备远征欧洲的"诺曼底号",却在美国纽约港起火沉没。事后,美方调查组称,船上的工人们在头等舱切割支撑玻璃喷泉的钢柱时,将火花溅到了旁边堆放的木棉救生衣上,大火一下着了起来,使船沉没。然而,"诺曼底号"的设计师认为,该船是有史以来防火性能最好的一艘,调查组的解释并不合理,而极有可能是纳粹分子故意放火烧船。为什么巨大的海轮在有大量防火设施的情况下会发生大火呢?是否有纳粹分子渗透到船上,乘人不备烧毁了这条船?如果是这样,调查组为什么没能在散布于船上的1500名工人中找出纵火犯呢?盟军中是否有人暗中协助纳粹分子?"诺曼底号"的烧毁有众多令人不解的疑团,这些疑团随着时间的流逝而愈加难解。

△ 船只上的微小差错就会导致灾难。

▽ 大型的客轮

最不可议的**军事未解之谜**

纳粹的原子弹之谜

纳粹德国是否已经研制出了原子弹？
历史学家找到的原子弹草图是真的吗？

早在第二次世界大战爆发之前，纳粹德国就已经开始了原子弹的开发研制。一批德国科学家受命于纳粹政府，秘密从事核武器的研制。第二次世界大战后期，形势对德国越来越不利，希特勒曾多次提到原子弹，并打算把它当成击退盟军的杀手锏。灭亡前纳粹德国的原子弹研制究竟到了哪一步呢？

第二次世界大战后，盟军对10名德国核科学家进行审讯，最终认为纳粹的原子弹计划仅仅停留在初始阶段。因为在1943年，盟军总司令艾森豪威尔曾命令美国驻欧洲的空军轰炸了负责研制原子弹的维蒙克工厂，使工厂几乎完全丧失了生产能力。但在2005年，德国历史学家莱纳·卡尔施和美国历史学家马克·沃克宣布，他们找到了第二次世界大战时纳粹科学家研制原子弹的草图，并证明第二次世界大战后期盟军逼近德国时，纳粹已经成功试爆了一个简单的核装置。不过，尽管两位历史学家找到了一些不为人知的新证据，但许多历史学家仍对他们的看法表示怀疑。历史真相还有待人们进一步的探索。

▲ 原子弹的关键部分——大型粒子加速器

◀ 原子弹爆炸后的场景

少年探索·发现系列

难寻踪迹的"幽灵潜艇"

"幽灵潜艇"为什么能够神出鬼没？
"幽灵潜艇"会是外星人制造的吗？

第二次世界大战期间，美日两国在南太平洋进行海战时，日本联合舰队和美国的航空母舰"小鹰号"一直被一艘神秘莫测的潜艇跟踪。当这艘潜艇被舰艇发现，受到攻击时，就会消失得无影无踪。这艘潜艇的速度极快，当时美国海军把它称为"幽灵潜艇"。在后来的海战中，它又多次出现，如美国和日本正在马里亚纳群岛附近海域进行激烈的海战时，"幽灵潜艇"突然出现，在一旁观战，但并不支持任何一方。

▲ 行驶在大海中的潜艇

军事档案 Military

神秘的USO

USO是"不明潜水物体"的缩写。1902年，一名水手在几内亚海域第一次看见USO。此后，关于USO的报道时见报端。关于USO的本质，一些人认为它是外星人的运载工具，另一些人认为USO只是大气折射产生的幻影。

在这以后，"幽灵潜艇"连续不断地在各国的海域中出现，引起了各国军方的广泛关注。20世纪60年代末，在从澳大利亚到阿根廷的广阔水域里，"幽灵潜艇"曾多次出现。它跟踪舰队，有时整体露出海面亮相。当舰队派直升机靠近时，它又会突然消失。为此，美国海军对

最不可思议的军事未解之谜

▲ "幽灵潜艇"比一般的潜艇更为神出鬼没，踪迹难寻。

南太平洋各水域进行了全面搜寻。苏联也派出核潜艇，在太平洋、大西洋各海域搜寻。但美国的两艘装备先进的核潜艇——"打谷机号"和"长尾鲨号"在执行此次任务时先后失踪。苏联也有三艘核潜艇在搜寻中失踪。

20世纪80年代末，"幽灵潜艇"又在北欧的斯堪的纳维亚水域不断出现，引起北欧一些国家海岸防卫队的恐慌，他们称"幽灵潜艇"为USO。开始时，北大西洋公约组织认为它是苏联的侦察潜艇。后经美国海军情报分析人员认真研究后，否认了这种说法，并认定这艘神秘的潜艇就是第二次世界大战时出现过的"幽灵潜艇"。

1993年7月，美、英两国合作组成的探险队在南太平洋海域再次看到了"幽灵潜艇"，这艘潜艇到底来自什么地方？难道它真是我们所不知道的神秘智能生物制造的？人们期待它再次露面时能探得真相。

▷ 最早的潜艇

◁ "幽灵潜艇"的速度超过了人类所造的任何一艘潜艇。

87

少年探索·发现系列

"阿波丸号"沉没的真相

"阿波丸号"为何会迅速沉没？
船上是否装有不为人知的物品？

"阿波丸号"是一艘建造于20世纪40年代的日本远洋油轮，第二次世界大战时被日本军队征用。1945年4月1日，"阿波丸号"在我国台湾海峡的牛山海域被美军潜艇误当作军舰袭击，3分钟后迅速沉没，船上2008人葬身大海。与"阿波丸号"一起沉入海底的据说还有40吨黄金、12吨白金，其中更有无价之宝——"北京人"头盖骨。"阿波丸号"在短短3分钟内沉没，这令人生疑。而且战后，日方不但放弃了索赔权利，也未曾正式公布此事件的调查结果。1973年3月，日本一名原军官揭露："阿波丸号"当时可能配备了自爆装置。而"阿波丸号"事件中唯一的幸存者始终对那天的真相保持沉默。"阿波丸号"是如何沉没的？它究竟装载了什么？日方为什么宣布放弃索赔要求？直到今天，"阿波丸号"的谜团依旧没有答案。

日本对"阿波丸号"事件出奇沉默。

美军在海上与日军形成了对峙。

最不可思议的军事未解之谜

离奇失踪的原子弹

美国共向日本投下了几颗原子弹？
如果真有第三颗原子弹，那其下落如何？

在第二次世界大战末期，美国分别向日本的广岛和长崎投下了原子弹。部分学者认为，美国实际上总共向日本投下了三颗原子弹，其中在长崎投下两颗，但只爆炸了一颗。据说，事后美国战略轰炸局估计，约有3.5万人死亡，6万人受伤。格罗夫斯中将在听到伤亡人数时说："这个数字比我们原来估计的要少得多。"这证明美方原来估计的数字，是三颗原子弹爆炸的死亡数字。有人说，那颗没有爆炸的原子弹被日军藏起来了。他们想通过研究制造出自己的原子弹，但是由于他们的实验设备毁于战火，于是就将原子弹交给了苏联。但这一说法遭到了很多人的质疑。美国方面究竟有没有投下第三颗原子弹呢？如果有，这颗原子弹去了哪里？这些至今仍是未解之谜。

在广岛投掷原子弹的美国轰炸机地勤人员和驾驶员

长崎被炸后的废墟

少年探索·发现系列

U-2飞机被击落之谜

U-2飞机是被什么武器击落的？
是苏联的间谍导致了U-2飞机的毁灭吗？

美国U-2飞机是第二次世界大战后，美国最为先进的高空侦察机。从1956年开始，美国空军开始装备U-2高空战略侦察机，主要用于执行战略、战役和战术侦察等军事任务和搜索失踪船只与飞机等任务，它是历史上大名鼎鼎的间谍飞机。在20世纪50年代初，U-2飞机曾经肆无忌惮地飞行在苏联的领空上，进行各种侦察活动。由于U-2飞机高飞于2万多米的高空，因此高射炮对其基本无法形成威胁，而战斗机也无法飞到这样的高度，因此尽管苏联对此十分愤怒，却束手无策。

△ 装备先进的美国飞机

然而就在这种情况下，出人意料的事情发生了。1960年5月1日，在斯维尔德洛夫市上空，一架U-2飞机被苏联空军击落，飞行员弗朗西斯·鲍尔斯被苏联俘虏，飞机上所有的侦察设备基本完好地保存了下来，被作为间谍活动的罪证，这使得美国颜面扫地。U-2飞机究竟是怎样被击落的呢？

一种看法认为，U-2飞机是被米格-19击落的，而当天的确有两架米格-19战斗机奉命起飞拦截，但米格-19最高能达到的高度仅为8500

最不可思议的**军事未解之谜**

> ▶ 美国U-2高空战略侦察机

米,如何能击落U-2飞机呢?

另有人认为,U-2飞机是被苏联的防空导弹部队击落的,但这种说法也遭到了人们的质疑。据西方情报部门分析,当时苏联的地空导弹射程根本不能到达2万米高空。

还有一种说法认为,U-2飞机被击落是苏联情报机构中特工人员的功劳。苏联当局对于U-2飞机十分头痛,便下令苏联情报机构进行破坏。于是,情报机构派一名苏联间谍偷偷进入U-2飞机所在地的巴基斯坦某美军空军基地。他经过精心策划混入机场,钻入U-2侦察机的驾驶舱,将仪表盘高度仪上的一颗螺丝钉拧下,换上了一颗特殊的螺丝钉。这颗螺丝钉具有极强的磁性,当飞机上升到几千米的高度后,螺丝钉会将高度仪的指针吸引过去,从而显示出已达到2万米高度的数字。因此,U-2飞机才被轻易击落。

> ▶ 地对空导弹

由于以上的众多说法都没有确凿的证据,因此,关于U-2飞机被击落的内幕还是一个未解之谜。

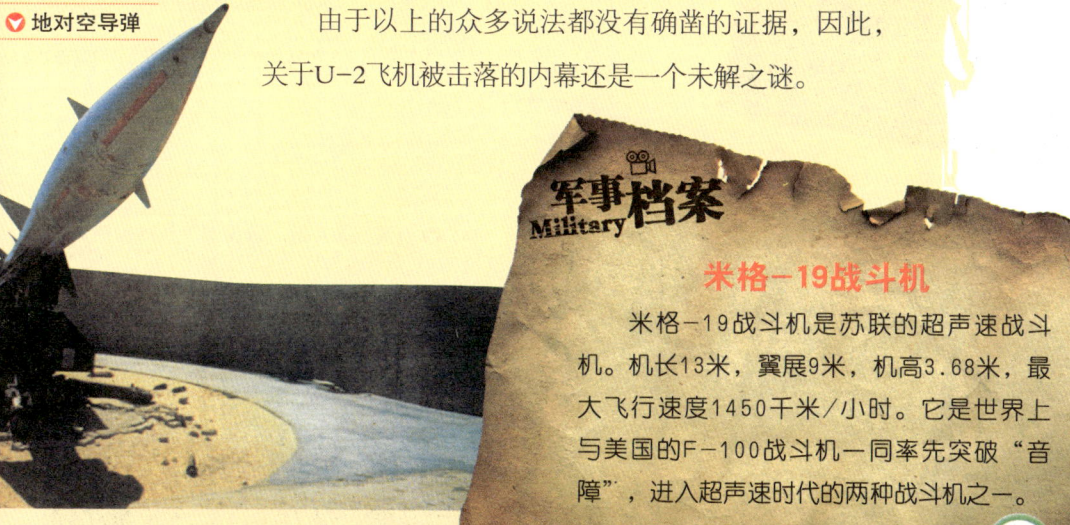

军事档案 Military

米格-19战斗机

米格-19战斗机是苏联的超声速战斗机。机长13米,翼展9米,机高3.68米,最大飞行速度1450千米/小时。它是世界上与美国的F-100战斗机一同率先突破"音障",进入超声速时代的两种战斗机之一。

91

少年探索·发现系列

莫名外飞的伊拉克战机

伊拉克战机外飞向哪里？
战机外飞是为了隐藏实力吗？

1991年海湾战争时，伊拉克百架战机在大敌当前之际非但没有奋力反击，反而转飞伊朗，这令人们大为疑惑。西方新闻媒体曾对伊机外飞事件大肆报道，使这一事件更令人难辨真伪。然而归纳起来，不外乎下面几种说法：一种说法认为伊拉克是为了自保。在当时的情况下，与其凭借地下防护体将战机留在国内，倒不如将一些较为先进的飞机保存在中立国伊朗。另一种说法认为，萨达姆的两位空军司令准备发起政变，但却事前败露，牵涉其中的一部分官员驾机出逃。还有一种说法则是"厌战说"，这种说法认为战机外飞是部分伊拉克空军临阵脱逃，以免以卵击石，做无谓的牺牲。关于伊拉克战机外飞的真正原因尚无定论，众多的疑团仍萦回于人们的脑海中，引起人们的揣测。

◆ 在海湾战争中，美国与伊拉克的主战场便在空中。

◆ 海湾战争中的"爱国者"导弹发射架

最不可思议的军事未解之谜

解密美国太空秘密武器

美国真的研制出了太空武器吗？
太空武器是如何操控的？

▶ 美国的航空航天技术的确处于世界领先地位。

▲ 美国制造了太空秘密武器吗？

20世纪末，美国《大众机械师》发表的一篇报告揭示了美空军曾准备复制纳粹技术，制造一种被称为"飞碟"的太空秘密武器。这份报告称，这种"飞碟"有4个操作人员，能在太空航行6个星期。在武器发射装置上可以装载4枚翼式攻击型武器，既能在轨道上发射，又可以在轨道上卸载和安装。"飞碟"的另一个装置是太空舱，太空舱位于飞碟内部，呈楔状，可以从飞碟前部分离出来，并且能够在操作人员控制下离开工作区域。在通常情况下，太空舱的功能是作为"飞碟"的飞行控制中心的。在紧急情况下，操作员能利用太空舱中独立携带的5万磅（约相当于2.27万千克）动力的固体燃料火箭发动机脱离"飞碟"并返回地球。

已经解密的"飞碟"文件只能解释这一秘密工程的部分真相，但是随着时间的推移，这一秘密工程的有关过程、结构组成原理图甚至操作记录将会逐渐公之于世。也许到那时，我们才能真正了解这种神秘的太空武器。

"库尔斯克号"失事之谜

> "库尔斯克号"是何时失事的?
> "库尔斯克号"真的与英国潜艇相撞了吗?

2000年8月12日,俄罗斯在北方的巴伦支海域进行了一场军事演习。在演习中,一艘名为"库尔斯克号"的核动力潜艇突然发生爆炸并沉没,坠入100多米深的巴伦支海底。潜艇上118名乘员全部遇难。

"库尔斯克号"核潜艇爆炸事件引起了全世界的关注,关于爆炸沉没的原因也是众说纷纭。很多人坚持"与英潜艇相撞说",认为其爆炸的最大可能原因是"库尔斯克号"在演习中撞上了另一艘潜艇,致使潜艇发生严重损毁而造成沉没。据悉,在当天进行军事演习时有3艘外国潜艇在巴伦支海域游弋,其中两艘为美国潜艇,一艘为英国潜艇。俄罗斯方面认为肇事者可能是英国潜艇,因为俄军方在"库尔斯克号"失事的附近海面上发现了一些据认为是英国潜艇的事故浮标。

第二种观点是"恐怖分子引爆

▲ 航行在大海中的"基洛"级潜艇

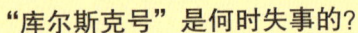

失事后的"库尔斯克号"

俄罗斯政府自"库尔斯克号"核潜艇失事后便一直进行打捞工作。2001年10月22日,"库尔斯克号"终于浮出水面。但潜艇损毁严重,艇身面目全非,舱里堆满了金属碎片和扭曲的机器零件,内部装置所剩无几。

▼ 前苏联制造的核潜艇

说"。据挪威军方侦察证实,"库尔斯克号"失事之时,人们曾听到两声爆炸。通过爆炸声,人们推断"库尔斯克号"上可能有3或4枚鱼雷发生了爆炸。俄罗斯车臣伊斯兰反叛武装发言人称,"库尔斯克号"是在一名达吉斯坦籍水手的破坏下沉没的。

第三种观点为"遇水雷说"。有专家分析,"库尔斯克号"的爆炸有可能与该海域遗留的水雷有关。在第二次世界大战时,德军和盟军曾在这片海域布置了众多的水雷,第二次世界大战结束后人们曾在该海域发现了十几枚水雷,"库尔斯克号"有可能因碰上了一枚水雷而受到重创。

"库尔斯克号"核潜艇失事的真正原因也许将因为涉及军事机密而永远难以浮出水面,我们也希望诸如此类的事故不再发生。

▼ 核潜艇制作精密,很少会出现突然爆炸现象。

中国的剑出现于何时

> 夏朝时中国已经发明剑了吗？
> 最早明确记载用剑的是什么著作？

中国的剑历史悠久。《越绝书》称，"禹穴之时，以铜为兵"。可见在夏朝的时候，中国就出现了用青铜制成的兵器。但是史料文献中有关用剑的记载却出现得很晚，最早明确记载用剑的是成书于东周时期的《左传》。《左传》中记载了周初贵族用剑的事例。据此，许多严谨的学者便对西周之前便有剑的说法产生了怀疑，认为西周以前，中国的兵器中无剑。但20世纪50年代之后，考古有了巨大进展，这种观点也日益受到冲击。学者们提出，最迟在商代中晚期，中国先民就已经以铜铸剑。到底最早的剑出现在什么朝代呢？也许只有等待更新的考古突破，才能为我们解答这一谜题了。

剑

剑是我国古代战场上的重要兵器。

最不可思议的军事未解之谜

弓是由何人发明的

后羿射日仅仅是神话传说吗？
弓是由黄帝发明的吗？

弓是古代战争中的常见兵器。

在中国古代的文献中，缺乏对弓的产生和发展的确切记载，但保留了一些关于弓的发明人的传说。虽然这些文献成书时间较晚，但对研究古代兵器产生的历史仍有参考价值。

其中一种说法认为，射日英雄后羿是弓的发明人。竹简本《孙膑兵法·势备》记有"羿作弓弩，以势象之"。同样关于后羿做弓的记载，还见于《墨子·非儒篇》。两本书都将弓的发明归功于传说中射落九日、救万民于灾难中的后羿。不过在今天看来，这种源自神话传说的看法并不能令人信服。另外的看法认为，弓的发明人是古代的圣王或他们的臣子。《易·系辞》称黄帝、尧、舜"弦木为弧，剡木为矢，弧矢之利，以威天下"。《吴越春秋》中也称"神农、皇帝（即黄帝）弦木为弧，剡木为矢，弧矢之利，以威四方"。而后的《世本·作篇》又把弓矢的发明归功于黄帝的臣子，称挥作弓、牟夷作矢。但由于时代过于久远，弓究竟是谁发明的这一谜题，恐怕会成为一桩千古疑案了。

少年探索·发现系列

秦兵器制作工艺之谜

秦朝的兵器为什么千年不锈？
秦人从何处掌握了化学镀铬技术？

秦始皇陵兵马俑被誉为"世界第八大奇迹"。皇陵中数以万计的青铜兵器虽在地下埋了2000多年，但至今仍锋利无比。曾有人用一柄皇陵中出土的青铜宝剑做过一个试验：在桌面上放一叠纸，然后用宝剑轻轻从纸上划过，一次居然划透了19张纸。为什么在地下埋藏了2000多年的兵器还能如此锋利呢？原来秦兵器都是用铜、锡、铅等金属制成的，各种金属的比例掌握得恰到好处，从而使其坚硬锋利而富有韧性。更令人惊奇的是，科学家经过对剑、矛、镞等秦兵器进行微光显微光谱、X光、荧光分析等检验，发现兵器表面有一层含铬化合物的氧化层。专家对一支三棱铜镞进行分析，发现其表面铬的含量为0.87%~2.23%，厚度为10~15微米。他们又对一把秦剑进行了测试，发现其也是只有表层含铬，厚度仅10~15微米。由此可见，我们的先人在2000多年以前便掌握了化学镀铬技术。但是在当时落后的生产条件下，秦人是怎样完成化学镀铬这一难度极大的生产工艺的，却成为不解之谜。

▶ 秦始皇陵兵马俑博物馆

秦始皇的神秘兵器

秦始皇用什么射杀了巨鱼？
秦始皇的神秘兵器是弩吗？

据《史记》记载：公元前210年，秦始皇最后一次出巡东方时，曾亲自在东海上射杀巨鱼。据学者推断，巨鱼应当是一种鲸。司马迁记载：在这场射杀中，秦始皇用了一种叫弩的兵器。弩究竟是一种什么样的兵器？如果能够置鲸于死地的话，这种武器的杀伤力必然十分强大。

弩是由弓发展而来的一种远程射击武器。它除了像弓一样可以使用臂力发射以外，还可以利用脚力或者机械力，其威力因此大大增加。据考证，弩有可能是楚人发明的。在楚人的旧地，考古人员发现了不少战国末年楚国的弩。与楚国的弩相比，秦弩的弩弓和弩臂加大了许多，大大地提高了射程，威慑力也更强，瞄准用的器具也得到改进，从而提高了远距离射击的准确性。弩虽然是战场上的利器，但毕竟是早在2000多年前发明的冷兵器，威力有限，秦始皇真的能借助它，凭一人之力对付几十吨重的鲸吗？也许秦人还拥有我们所不知道的神秘武器吧！

秦始皇

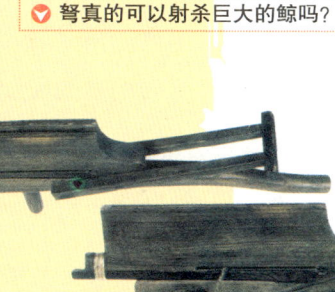

弩真的可以射杀巨大的鲸吗？

越王勾践剑的离奇入楚

越王勾践剑出土于何处？
越王勾践剑是作为战利品被送到楚国的吗？

越王勾践剑是1965年12月在湖北望山出土的。这把青铜剑出土时，置于墓葬内一具人骨架的左侧，并插入涂黑漆的木鞘内。这把剑制作精良考究，保存完好如新，虽在地下埋藏了2500多年的时间，却一点也没有生锈。剑身闪着炫目的青光，寒气逼人，剑刃锋利无比，轻轻一划，就能割破十几层纸；一剑劈下，可劈断铜钱。而此剑另一处引人注目的地方，就是篆刻有"越王勾践，自作用剑"的铭文。这就是说这把剑是春秋末年越王勾践使用的。但是越王勾践生活在地处长江下游的越国，这把剑怎么会出土于长江中游的楚国墓葬中呢？有人认为越王勾践剑有可能是在楚越两国关系好的时候，越王作为礼品赠送给楚国人的。也有人认为可能是在后来楚越两国的战争中，此剑作为战利品流入楚国，后来成了楚国贵族的陪葬品。还有人认为，这把剑是越王勾践的女儿嫁给楚昭王时的陪嫁品。看来，这把越王勾践亲自用过的剑到底是怎样传入当时的楚国的，确实是一个难解之谜。

△ 越王勾践剑

▷ 据记载，越王勾践卧薪尝胆，终于打败了吴王夫差。

最不可思议的军事未解之谜

古代**驱兽作战**之谜

古代人是如何驯服野兽的？
从什么时候起，人们便将野兽用于战场了？

南朝史学家沈约的《宋书》中对当时一次奇特的战争做了这样的详细记载：宋文帝派大将军宗悫征讨林邑（今越南中南部）。在交战的时候，林邑国王每次都命令士兵驱赶象群向宋军进攻。宋军无法抵抗。后来，宗悫想出妙计，用狮群破了象阵。这段记载足以说明，驱兽作战在我国古代战争中已经得到了实际的运用。然而宗悫究竟是如何驯服狮子这种凶猛的动物呢？这在古书中并没有相关记载。更令人迷惑的是，驱兽作战甚至可以在上古时期找到战例。根据《列子·黄帝》记载，黄帝与炎帝作战的时候，率领熊、狼、豹子、老虎作为前锋。这让人不免产生疑惑，这些动物如何能分清敌我，黄帝又是怎样驯服它们的呢？这些记载究竟是传说还是史实呢？上古时期的人类能够同时驯服种类这么多的动物吗？这些谜团至今仍困扰着我们。

△ 宗悫

▷ 在人类历史上，象被用于战争的记载不胜枚举。

少年探索·发现系列

致命的金兀术"拐子马"

"拐子马"是指什么?
"拐子马"相当于冲锋队吗?

《宋史·岳飞传》中记载:金朝的统帅金兀术曾率领一支精锐部队——"拐子马"攻宋。这支部队有很强的作战能力,让宋军损失惨重。那么,"拐子马"究竟是什么样的呢?有学者认为,"拐子马"其实就是左右翼骑兵。还有的人认为,"拐子马"是一种特殊的兵器,这种兵器专门对付敌人的战马,使骑兵丧失战斗力。又有学者认为,"拐子马"就是将两三匹马用铁索链绑在一起,并给它们穿上坚实的铠甲,作为交战时的前锋。还有学者认为"拐子马"是类似于敢死队的士兵。他们身穿厚厚的铠甲,驱赶着双马或者更多的马向前冲。为了避免众多马匹四面散开,必然要把其余副马的缰革系在主马上,对手在远处看见,可能会认为其把几匹马绑在一起。到底哪种说法更准确呢?目前尚无定论。

◎ 北宋的士兵

◎ 想象中的"拐子马"军阵

解析古老的霹雳炮

霹雳炮是什么样的？
霹雳炮是最早的火箭吗？

关于宋朝已有火药武器的记载在众多典籍中都可以找到。1259年时，宋朝已造出了以巨竹为筒，内装火药的突火枪。但对霹雳炮的记载，却是在绍兴三十一年（1161年）之后才有的。这一年，南宋王朝的军队与金朝的军队在长江上游展开了一场水战。这场战争中，宋军出动精兵，并使用了新式武器——霹雳炮，组成强大的火力攻势压倒金军，使其阵营大乱。最终伤亡过半的金军大败，仓皇撤退，南宋的半壁江山得以转危为安。人们不免好奇，宋军使用的霹雳炮究竟是怎样的一种武器呢？曾于此战后亲临战场探询的宋人杨万里在《海鳅赋后序》中描述道：霹雳炮用纸包裹石灰、硫黄，当纸爆裂后声音像打雷一样。石灰散发的烟雾还能够使人的眼睛受到伤害，失去战斗力。根据这段描述，有学者认为霹雳炮就像宋代烟火中的"地老鼠"一样，是能散出烟雾的原始火箭。它的特点是速度快，兼有爆炸、纵火、喷烟雾、发巨响等多种功能。霹雳炮是最早的火箭吗？这一观点还有待于学者们的探究。

▲ 宋金时期的火炮

少年探索·发现系列

"致远号"沉没之谜

"致远号"巡洋舰沉没于何时?
"致远号"巡洋舰是被大炮击沉的吗?

▲ 北洋海军"致远号"巡洋舰

在1894年9月17日的中日甲午海战中,北洋水师"致远号"巡洋舰遭受重创,该舰管带(舰长)邓世昌下令全速撞向敌舰"吉野号",但在相撞之前,"致远号"因船体进水过多而沉没,邓世昌和舰上200余名官兵壮烈牺牲。"致远号"究竟是如何沉没的?后人对此说法不一。第一种说法是"中鱼雷沉没说"。清朝学者姚锡光所撰《东方兵事纪略》中记载,"致远号"是被日军发射的鱼雷击沉的。邓世昌的孙女邓素娥在回忆邓世昌轶事时也说"致远号"是被鱼雷击中导致沉没的。另一种说法是"中炮沉没说"。曾经参战的外国军人泰莱在《甲午中日海战见闻记》中称,"致远号"是被敌军的大炮击沉的。当时北洋舰队提督丁汝昌也在给军机大臣的报告中称,在战斗中沉没的军舰都是因为敌军炮轰而被毁的。两种说法都言之凿凿,于是"致远号"沉没的真相也就成了一个谜。

▼ 清军的沿海工事

[第三章]

经历离奇的军事名人

历史的发展因众多不同凡响、驰骋沙场的军事名人而呈现出一条令人难以揣测的曲线。他们或是令人仰慕的英雄，或是遭人唾弃的恶魔，但都被后人所密切关注。发生在他们身上的传奇故事，出于种种原因，留给后人众多难解的谜团：风华正茂、气吞山河的亚历山大大帝为何猝死？蒙哥马利元帅究竟有几个替身？臭名昭著的日本女间谍川岛芳子有没有被枪决？……让我们在本章中一同探讨这些千古之谜。

死因不明的波斯王

波斯王居鲁士真的死于战场吗？
是马萨革泰人打死了居鲁士吗？

古代波斯王居鲁士戎马一生，建立了令后人惊叹的丰功伟业。他曾和波斯人抵抗米底贵族的统治，最终将米底王国推翻，然后又征服了中亚和西亚的广大地区，为世界上第一个地跨欧、亚、非三洲的大帝国——波斯帝国的建立打下了坚实的基础。这位战功显赫的帝王究竟是怎样死去的一直是人们争论的焦点。

▲ 波斯铜制工艺品

有人认为居鲁士是战死在疆场上的。古希腊历史学家希罗多德曾记述：在攻克巴比伦之后，居鲁士转而进军西北，试图将中亚的游牧民族降服。他同那里的马萨革泰部落展开激战。最初波斯人取得胜利，但马萨革泰的女王托米丽斯并未因此而失去斗志，她重新集合起自己的军队，诱敌深入，最终打败了波斯军队。在这场战役中，大部分波斯军士战死，居鲁士也战死疆场。但也有人认为居鲁士虽然是战死的，但却不是死于这场战争。依据巴比伦僧侣贝洛苏斯有关巴比伦的历史著作记

◀ 朴素的居鲁士陵墓

最不可思议的军事未解之谜

▲ 居鲁士经历坎坷,幼年时他的外祖父曾经因一个噩梦欲将其溺死。

载,居鲁士是在与斯基芬人达赫部落作战时战死的。而希腊作家克捷西的《波斯志》则认为,居鲁士是在与印度边境上的德比克人作战时身亡的。克捷西指出,德比克人的国王阿摩拉欧斯与印度人结成盟友。与波斯作战时,居鲁士的军队因无法应付印度人的战象而大败。居鲁士本人因肝脏被刺伤而死。斯基芬人阿谬尔吉部落与波斯人是盟友,闻讯后,其国王阿摩尔格率领2万骑兵赶来支援,这才帮助波斯人战胜了德比克人。

还有一种说法认为居鲁士根本不是战死而是正常死亡。古希腊作家色诺芬在《居鲁士的教育》一书中曾写道:在自己首都的家里,居鲁士"寿终正寝"。

因为年代久远,以上说法都难以考证。这位无人不知的历史英雄究竟是如何结束他伟大一生的,人们仍在探索之中。

军事档案 Military

波斯帝国

波斯帝国兴起于伊朗高原,曾受米底人统治。公元前550年,波斯人在居鲁士的领导下起义,并获得独立。居鲁士及后来的波斯君主不断对外扩张,使波斯最终形成为地跨欧、亚、非三洲的奴隶制大帝国。

少年探索·发现系列

亚历山大大帝是否因病而亡

亚历山大大帝死于出征的路上吗?
亚历山大大帝是病逝还是被谋杀?

马其顿国王亚历山大大帝用10年时间进行征战,建立了一个横跨欧、亚、非三洲的庞大帝国。可是公元前323年,年仅33岁的亚历山大大帝在准备再一次远征时,却突然逝世了。相传,巫师曾预言他会在不久后死去,之后他果然遇到许多怪事,最终病死军中。但传说并不可信,大多数人认为亚历山大大帝是在行军途中患上疟疾导致死亡的。也有人认为亚历山大大帝的饮食等都有专门的人负责,并且他本人也身强体健,患上疟疾的可能性极小,即使不慎感染,也不可能在短短的几天时间内就死亡。因此亚历山大大帝很可能是在宴会上喝了被下了毒的酒而死的。他是死于一场阴谋而不是疾病。无论如何,风华正茂的亚历山大大帝的猝死,为人们留下了无尽的叹息和疑团。

▼ 亚历山大远征

埃及艳后的香消玉殒

埃及艳后为何要自杀？
埃及艳后是被毒蛇咬死的吗？

埃及艳后克里奥帕特拉七世是古埃及托勒密王朝的最后一位统治者。这位美艳的女王曾先后嫁给罗马掌权者恺撒与安东尼。安东尼死后，女王从罗马回到埃及。公元前30年，罗马新的掌权者屋大维率军逼近埃及，俘获了女王。不久后，女王于屋中自杀而死，一代艳后就这样香消玉殒了。

🔺 安东尼与女王初次见面时，便被她的美貌迷住了。

但克里奥帕特拉七世是以哪种方式自杀的呢？据说，女王让女仆把毒蛇藏在盛满无花果的篮子里带给自己，再让毒蛇咬伤自己的手臂，使自己中毒而死。但不少人不同意上述观点，因为据史料记载，当时人们并没有在克里奥帕特拉七世的尸体上发现伤口或刺伤的痕迹，在卧室中也没有发现任何有毒的蛇。因此女王死于蛇毒的说法是站不住脚的。他们认为，女王服毒而死的可能性最大。众多说法令埃及艳后之死成了一个解不开的谜团。

🔺 美艳的克里奥帕特拉七世

少年探索·发现系列

圣女贞德是否火中逃生

贞德为何会被施以火刑?
被烧死的是贞德本人吗?

▲ 即将被处死的贞德

15世纪时,英法两国间爆发了著名的"百年战争"。战争中英军节节胜利,占领了法国大片领土。1428年,英国派大军围攻法国奥尔良市。奥尔良是法国南部的门户,一旦失守法国全境难保。这时,年仅16岁的法国少女贞德挺身而出,以惊人的勇气带领法国人打败了英军,挽救了奥尔良。贞德从此威名远扬,被人们尊称为"奥尔良的英雄"。但贞德的声望引起了法国贵族的不安,他们将贞德出卖给英国人。英国以"女巫"和"异教徒"的罪名将贞德处以火刑。

1431年5月的一个早上,贞德在法国卢昂一个公众广场上被施以火刑,这个形体纤小,被宣判为异端

▶ 戴着面具作战的贞德

Military 档案

英法百年大战

1337—1453年,英法两国因王位继承问题展开战争,史称"百年战争"。战争分为三个阶段:第一阶段英国获胜;第二阶段法国获胜;第三阶段初英国占优势,后来法国人民全力反抗,最终法国取胜。

最不可思议的军事未解之谜

▸ 准备出征的贞德

信徒的少女很快被熊熊烈焰所吞噬。随着火刑的施行,流传出了很多奇闻。一名英国士兵称其亲眼看到在贞德被烧时,一只白鸽从火堆里缓缓向高空飞去。而另一些人更是声称在火焰中看到了"耶稣"的字样。不少人还认为火焰没有伤及贞德,行刑后她依然活在人间。后来有学者称,这些离奇的传言实际上是在暗示着贞德确实被人从火刑架上救走了,而当时被烧死的女子只是贞德的替身。

5年后的1436年,贞德的两个兄弟突然与一个披甲策马的年轻女子出现在奥尔良的街头。他们宣称这个女子就是贞德,被施以火刑的不是贞德,而是顶替她的另一个女子。奥尔良市民对此深信不疑,甚至把自贞德牺牲后一直为她举行的纪念仪式也废止了。但4年后人们才得知,那披着盔甲的女子名叫安梅丝,而并非贞德。她曾在意大利教皇的军队中服过役,有着娴熟的马术和威武的外形,因而轻易地蒙骗了法国人民。

安梅丝的闹剧结束了,但是贞德究竟有没有被烧死的问题仍没有确切的答案。几百年后的今天,人们已无从知晓贞德的命运到底是怎样的了。

少年探索·发现系列

拿破仑死因之谜

拿破仑是被谋杀的吗？
拿破仑的头发中为何会有砒霜成分？

▲ 拿破仑

1815年，拿破仑在滑铁卢战役中败北，此后，他被囚禁在圣赫勒拿孤岛上，并于1821年5月5日死去。当时的尸检结果说，拿破仑死于胃癌。根据拿破仑生前最后一位医生安托马奇书写的病历，拿破仑死前确实有上腹部剧痛难忍，打嗝呼出的气味非常难闻的症状。这仿佛都说明了这一结果的正确性。但《华盛顿邮报》却称，拿破仑的仆人马尔尚在其日记中写道：拿破仑去世前"经常失眠，腿部肿胀无力，掉头发，偶尔抽搐，总是觉得口渴"。上述症状均与人服食砒霜后的情形类似。后来，人们又对拿破仑的一根头发进行了化验，并从中发现了相当数量的砒霜。这一结果证实了"中毒"的说法。

支持胃癌一说的专家并不否认在拿破仑头发中发现了砒霜，但他们认为，砒霜可能是拿破仑从环境中"慢慢吸收"的结果。因为当时的墙纸、弹药、火柴和海产品中都含有砒霜成分。两派为此争论不休，真相也因此尚无定论。

▽ 拿破仑兵败滑铁卢。

▲ 灾难深重的俄国人民

未能**获救**的沙皇

俄国沙皇因何被囚？
实力强大的营救团体因何会失败？

▲ 沙皇尼古拉二世与皇后

20世纪初的俄国是个经济落后的军事封建帝国主义国家。处于饥寒交迫中的人民无法忍受沉重的压迫，奋起反抗。1917年3月，首都彼得格勒群众举行罢工和示威。沙皇尼古拉二世得知后，采取了残酷手段进行镇压。群众被激怒了，发起了著名的二月革命，俄国沙皇尼古拉二世的政权被推翻，沙皇本人也于1917年11月7日被新政府逮捕。1918年7月16日，尼古拉二世在牢房内被处死。在被捕到被处死的大半年时间内，很多人试图营救这位末代沙皇。这些人中包括临时政府的头面人物、顽固的保皇分子，甚至还有个别外国使节，但这些人所做的所有营救计划全都宣告破产。这究竟是为什么呢？有专家认为，营救失败是由于临时政府里秘密营救沙皇的人员屡次营救不力造成的。而临时政府中的营救者则指责是英国接应的军舰迟迟不到，才使计划失败。还有专家认为是尼古拉二世本人没有积极配合营救人员的行动，使营救计划一拖再拖，最终导致失败。到底是什么原因使营救计划最终失败了呢？没有人说得清楚。

▷ 沙皇尼古拉二世送给皇后的复活节彩蛋

少年探索·发现系列

谁击落了日军司令座机

是飞行员兰菲尔击落了山本五十六的座机吗?
山本座机遗骸与兰菲尔的描述为何不符?

1943年,日本联合舰队司令山本五十六决定赴前线进行军事视察并激励士气。但有关此行的机密电报却被美军截获,并在短时间内被破译。4月18日9时44分,山本五十六所乘飞机来到了美军埋伏的地域,美军击落了几架日本战机后返航。在返航途中,兰菲尔中尉向指挥部报告:"我打下了山本五十六!"

二战后,日军战犯受到审判,山本五十六因毙命而得以逃脱审判。

空军指挥部对兰菲尔中尉的说法深信不疑,晋升兰菲尔为上尉,但为了不暴露破译密码的机密,直到战争结束军方才公开了他的战功。但兰菲尔的战功被公开后,却引起了一场争论。

除了兰菲尔的一面之词外,更多的证据显示,兰菲尔的战友巴尔博才是击落山本座机的真正英雄。从山本五十六的尸检报告来看,是从后方射来的子弹使其毙命的,这与兰菲尔从右攻击的说法出入较大。柳谷谦治是为山本护航的零式战斗机飞行员中唯一在世的人,他也指出了兰菲尔报告的诸多疑点。其中最有力的一条是:兰菲尔的飞机只是向左迎战零式战斗

谴责日本蔑视国际条约的漫画

114

▶ 图为第二次世界大战后期的美国战斗机，它们在二战中发挥了巨大的作用。

机，而巴尔博的飞机才是向右紧追山本座机猛烈开火的那一架。如果是兰菲尔击落了零式战斗机之后再掉头攻击山本座机的话，时间根本来不及，因为这样至少需要40秒，而山本座机从遭到攻击到被击落，不过区区30秒。

1975年，日本东京航空博物馆实地考察后发现，山本座机的两个机翼完好无损，与兰菲尔的报告完全不符，倒是与巴尔博从后攻击的说法比较吻合。因此，美国空军裁定兰菲尔和从后面进攻山本座机的巴尔博分享一枚勋章，以示共同击落了山本的座机。但以美国"王牌飞行员协会"为首的众多民间人士和组织，对此进行了细致的研究和不懈的努力，查阅了大量相关资料，最终于1997年3月认定，是巴尔博一人击落了山本座机。

然而，自1991年美国战绩评审委员会正式要求美国海军最后判定到底是谁击落了山本的座机以来，时至今日美国官方仍然没有做出明确的答复。击落山本五十六的英雄到底是谁的公案成了永远的谜。

▶ 美国的宣传海报，上有山本五十六的头像。

军事档案 Military

日本战犯山本五十六简介

山本五十六（1884—1943年），1925年出任日本驻美海军副武官，不久升任日本海军航空部部长，后升任日本联合舰队司令。1941年12月，他策划了珍珠港事件，随后组织了中途岛海战。1943年，他在赴前线途中被美军击毙。

少年探索·发现系列

处决墨索里尼的幕后人

是谁下令处死墨索里尼的？
墨索里尼为何没有按正常流程被处死？

1945年初，德意法西斯节节败退，意大利法西斯头目墨索里尼预感到末日即将来临，于是化装成德国人出逃。逃跑过程中他被警惕的游击队员捕获。1945年4月28日，墨索里尼及其情妇克拉拉被意大利民族解放委员会宣布处死。在科莫湖边，墨索里尼被枪决了。第二天上午9时30分，墨索里尼的尸体被拉到米兰，吊在最热闹的洛雷托广场。人们从四面八方蜂拥而至，观看这个大战犯的下场。虽然墨索里尼死有余辜，但从法律形式上来看，他也应该像其他战犯一样，先上审判台，后上绞刑架，而不是上述这种死法。到底是谁下令处死了墨索里尼呢？有人说是意大利民族解放委员会联络官瓦尔特·奥迪西奥下令将其处死的；有人认为是意大利的加里波弟将军令旅长兰普雷迪将其处死的；还有人认为是英国秘密特工杀死了墨索里尼，因为当时墨索里尼身上带有一份英国首相丘吉尔的秘密信件。然而时过境迁，人们想要找到处死墨索里尼的幕后人恐怕是更不容易了。

▲ 墨索里尼与情妇克拉拉的尸体被倒挂在米兰。

▶ 墨索里尼被捕时的情景

真真假假蒙哥马利

北非战场上的蒙哥马利是元帅本人还是替身？
蒙哥马利元帅有几个替身？

1944年5月26日，希特勒仔细地端详着一张照片。照片上的人是英国陆军元帅蒙哥马利，这是德国间谍于当天在直布罗陀拍摄的。希特勒疑惑不解，蒙哥马利为什么要去靠近非洲的地方。他立即下令召开高级将领会议。经过讨论，他们取得共识：蒙哥马利准备去非洲是为了组编英美联军，盟军即将在法国南部的加莱地区登陆。于是，德军将最精锐的部队和庞大的坦克群集结在加莱地区。然而，就在同一时刻，盟军在法国北部诺曼底地区的登陆战计划正在紧锣密鼓地进行着。当诺曼底登陆战胜利之后，有人指出：德国间谍拍摄到的蒙哥马利并不是他本人，而是一个替身。这个替身名叫克利夫顿·詹姆斯，二战爆发前，他是地方舞台上的一名演员，后来他成为英国皇家军饷团的中尉军官，盟军以替身迷惑德军，使德军无法猜知盟军的作战计划。但后来出现在北非战场上的人到底是蒙哥马利本人还是其替身呢？我们不得而知。

▲ 蒙哥马利元帅
◀ 酷似蒙哥马利元帅的人

罗斯福曾精神错乱吗

罗斯福在雅尔塔会议时病情已经很严重了吗？
罗斯福真的会将既得利益送给苏联吗？

▲ 精神状态良好的罗斯福

1945年2月，苏联主席斯大林、美国总统罗斯福、英国首相丘吉尔为协调最后击溃纳粹德国的军事行动、商定处置战败德国的基本原则、迫使日本尽快投降、战后世界安排等问题，在苏联克里米亚半岛的雅尔塔举行国际会议。会议结束两个月后，罗斯福死于脑溢血。美国联邦调查局资深精神病专家萨勒里安调查后指出，雅尔塔会议期间罗斯福的身体已经相当不适，并出现过精神错乱，因此没有处理好亟待解决的政治事务：他没有谨慎阅读会议的重要文件，总体上没有与斯大林争夺既得利益，所以制定出了没有充分体现美国利益的《雅尔塔协议》。美国国内在看到这份协议后曾称："罗斯福将美国的利益送给了斯大林。"虽然人们都知道罗斯福在最后任期内患了高血压和充血性心力衰竭，但究竟是否如萨勒里安所述，罗斯福在出席如此重要的会议时，"大脑不能正常运作"，显然已经没人知道。

▷ 在"三巨头"的合影中明显可以看到，病中的罗斯福（中）很憔悴。

日本天皇因何能逍遥法外

日本天皇是否应对战争承担责任？
是美国在包庇日本天皇吗？

▼ 登基时的日本裕仁天皇

在第二次世界大战期间，日本作为三大轴心国之一，为亚洲的许多国家带来了沉重的战争灾难。但是，在墨索里尼与希特勒相继受到惩罚、日本许多战犯都被送上国际军事法庭接受世界的审判时，作为日本最高统治者的天皇却未被治罪。

1945年日本投降后，日本国内部分民众、一些受害国、国际仲裁机构乃至裕仁天皇本人都认为天皇对战争应负起责任。日本国内一些进步群众团体的领袖以及部分深受战争创伤的同盟国呼吁：裕仁作为战争期间的国家元首，是发动战争的元凶，理应作为头号战犯接受国际法庭的审判与惩罚；并再三提出应废除日本天皇制。然而裕仁天皇仍然没有受到任何惩罚。这是为什么呢？有人认为，这是美国在背后操纵的结果，它基于自身的国家利益及全球战略的考虑而给了日本天皇一块"免死牌"。但这也只是一种猜测，事实的真相仍无法判定。

▲ 日本裕仁天皇视察军工厂。

巴顿将军车祸之谜

> 巴顿将军死于车祸还是死于阴谋?
> 艾森豪威尔与车祸事件有关吗?

▶ 车祸现场

美国陆军四星上将乔治·巴顿在第二次世界大战时叱咤风云、身经百战,被称为"血胆将军"。但作为一名军人,他没有牺牲在战场上,却死于战后一场离奇的车祸。1945年12月9日,巴顿将军在外出打猎的途中遭遇车祸。12天以后,他因伤势严重不治身亡。这个消息令世人十分震惊。之所以称这是一场离奇的车祸,是因为同时遭遇车祸的三个人中,只有巴顿将军受伤严重,而其他两人都没有受伤。肇事司机在车祸之后顺利逃亡,居然没有人知道他的去向。因此人们怀疑这场车祸是一起政治阴谋。第二次世界大战结束后,巴顿将军与当时的陆军参谋长艾森豪威尔政见不同,人们怀疑是艾森豪威尔想除去这颗眼中钉。另有人认为,巴顿将军的死和一宗黄金失窃案有关。美军某些将领发现并私藏了一笔纳粹的黄金,巴顿奉命调查这个案件。正当案件即将告破的时候,巴顿却死掉了。是不是有人想杀人灭口呢?虽然人们没有直接的证据证实以上的观点,但也无法相信这只是一起普通的车祸。

△ 巴顿正给士兵授勋。

◀ 巴顿将军

最不可思议的军事未解之谜

诡异的富克斯间谍案

富克斯真的将原子弹技术透露给了苏联吗？
富克斯是叛国者还是替罪羊？

第二次世界大战后，美国一直担心核技术机密泄露。美国的高层领导怀疑苏联情报机构已经渗入美国研制核武器的关键机构。美方通过对可疑人员进行侦察后，将一个名叫富克斯的人逮捕。富克斯是美国核武器研制的核心人员，对原子弹的设计、制造和安装都非常了解。美国当局经过反复审讯，终于使富克斯承认曾把关于原子弹开发的情报交给苏联。富克斯因此被判入狱14年。1959年，富克斯提前获释并定居苏联，直到1988年病逝。此案至此仿佛已结束。但在1990年1月15日，美国《时代》周刊披露，40年前的富克斯案其实是一宗错案。据说，当时富克斯也曾一再申辩，自己给苏联人提供的其实是毫无用处的情报。如果这种说法成立的话，那么美国政府为什么要将富克斯定罪呢？直到现在，富克斯到底是叛国者还是替罪羊还无法说清。

▲ 间谍所使用的发报机

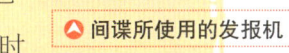
美国方面多次召开会议，讨论对付苏联间谍的方法。

难测真身的女尸

监狱为何拒绝记者观看对川岛芳子行刑？
女尸是川岛芳子还是刘凤玲？

在投降仪式上签字的军官

川岛芳子

第二次世界大战时的女间谍川岛芳子原名爱新觉罗·显玗，生于1906年，是中国清王朝最后一代王族肃亲王的第十四个女儿。她6岁时便成为策划"满蒙独立"的日本人川岛浪速的养女。"九一八事变"后，川岛芳子受日本军方的派遣返回中国从事间谍活动。她参与了日本刻意在上海制造两国军事冲突的"一·二八事变"。"七七事变"前后，川岛芳子潜入东北进行策反颠覆活动，并准备将末代皇帝溥仪迎回北平，图谋复辟清王朝。因此可以说，她是策划成立伪"满洲国"的重要成员。

日本投降之后，中国人民要求严惩汉奸。1945年10月10日，川岛芳子被捕。经审讯后，枪决川岛芳子的日期被定在1948年3月25日上午。行刑当天，当记者到达监狱后，监狱大门却紧紧关闭，除了允许两名美联社记者进入外，其他的记者全被拒之门外。枪响过后，大门突然打开，记者们看到了地上一具刚被执行死刑的女尸。有记者后来描述："该尸头南脚北，弹由后脑射入，由鼻梁骨射出，头发蓬乱，满脸血污，已不能辨认。"

最不可思议的军事未解之谜

　　记者们认为，监狱违背公开枪决川岛芳子的承诺，枪响时禁止记者们观看，尸体也面目全非，并且选在光线昏暗的早晨执行死刑，整个过程十分可疑，根本无法判定女尸是不是川岛芳子本人。最普遍的说法认为，被执行死刑的是与川岛芳子同监的犯人刘凤玲。刘凤玲的母亲在收下了10根金条后，同意让女儿做川岛芳子的替身，而川岛芳子本人早已潜返日本。

　　但宁波大学历史系教授谭朝炎却对这种说法提出了不同意见。其父曾作为民国政府派出的宪兵观察员经历了审判、枪决川岛芳子的全过程。据谭朝炎所述，其父曾一直作为观察员在场，在前面的审讯和公审过程中，他对川岛芳子已经很熟悉了，并亲眼目睹了川岛芳子被行刑。

　　时至今日，尽管半个多世纪过去了，但川岛芳子是否被枪决仍是一个谜团。

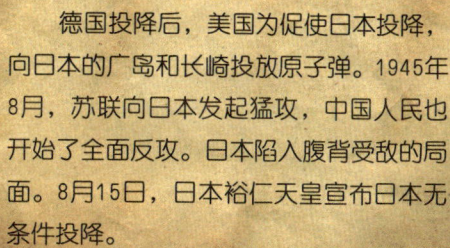

日本投降

　　德国投降后，美国为促使日本投降，向日本的广岛和长崎投放原子弹。1945年8月，苏联向日本发起猛攻，中国人民也开始了全面反攻。日本陷入腹背受敌的局面。8月15日，日本裕仁天皇宣布日本无条件投降。

▽ 日本向中国递交投降书。

少年探索·发现系列

勾践真曾卧薪尝胆吗

勾践卧薪尝胆是史实还是杜撰？
人们对"卧薪"的理解是错的吗？

春秋时，吴国打败了越国，吴军把越王勾践包围在会稽山上，越王在走投无路的情况下忍辱求和。此后，越国成为吴国的臣国。越王勾践像奴隶一般在吴国宫中服役三年，后来吴王夫差免去了勾践的罪，放他回国。为了不忘亡国之痛，报仇雪耻，勾践在屋子里挂了一个苦胆，每天都要尝一尝苦胆之味，并终年睡在柴草之上，用来激励自己的斗志。经过了十年的努力与准备，勾践最终举兵灭了吴国。

但历史上越王勾践是不是真的用"卧薪"和"尝胆"两种手段来激励自己呢？《左传》和《国语》成书年代较早，因而较具有参考价值。但两本史籍在讲述勾践的生平事迹时，都没有记载他"卧薪尝胆"的行为。不过，在《史记》中的《越王勾践世家》中，司马迁记载："吴既赦越，越王勾践反国，乃苦身焦思，置胆于坐，坐卧即仰胆，饮食亦尝胆也。"看来，在西汉的《史记》中最早出现了越王"尝胆"一事。

此外，东汉时期成书的《吴越春秋》中的《勾践归国外传》中曾有越王勾践"卧薪"之事的记载。该文说越王

◀ 为了争夺霸权地位，吴国与越国准备进行一场大战。

▶ 越王勾践有过卧薪尝胆的行为吗?

勾践当时"苦身焦思,夜以继日,目卧则攻之以蓼"。蓼指苦菜。意思是:勾践日夜操劳,眼睛疲劳,他便烧苦菜来刺激自己的眼睛,以便磨炼意志、避免睡觉。"卧薪"和"尝胆"分别是让视觉和味觉感到痛苦。后人把"卧薪"说成是在硬柴上睡觉,是曲解了《吴越春秋》的意思,因为"卧薪"是眼睛遭受折磨而不是身体遭受折磨。因此有的学者认为:勾践确实有过卧薪尝胆的行为,尽管后人误解了这个词语的意思。

若说勾践"卧薪尝胆"的故事是真的,为什么历史上这么晚才有记载?若说是假的,它为何能在民间广为流传?人们对卧薪尝胆的理解真的错了吗?这成了中国历史上的又一个未解之谜。

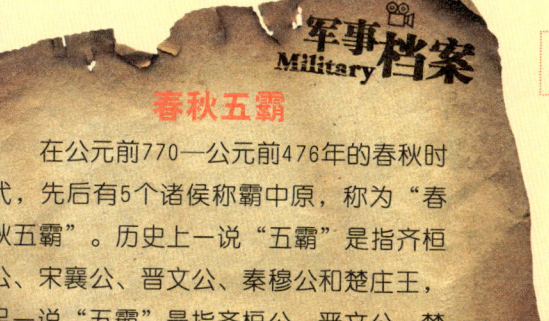

军事档案 Military

春秋五霸

在公元前770—公元前476年的春秋时代,先后有5个诸侯称霸中原,称为"春秋五霸"。历史上一说"五霸"是指齐桓公、宋襄公、晋文公、秦穆公和楚庄王,另一说"五霸"是指齐桓公、晋文公、楚庄王、吴王阖闾和越王勾践。

▶ 春秋五霸之齐桓公

少年探索·发现系列

探寻《孙子兵法》的作者

《孙子兵法》是孙武写的吗？
《孙子兵法》中的众多细节为何与春秋时期的情景不符？

《孙子兵法》是我国现存最早、也是最杰出的兵法，被誉为"百代谈兵之祖"。可《孙子兵法》的作者是谁，一直是个令人疑惑的问题。一般认为，《孙子兵法》是春秋时期吴国将军孙武所著。这是因为司马迁在《史记·孙武列传》中对孙武修兵法一事进行了详细的介绍。但从宋朝开始就陆续有人指出：《孙子兵法》并不是孙武的作品，而像是后人借孙武之名写的。这一说法的根据是：首先，《孙子兵法》中经常把国君称为"主"，而春秋时期的"主"专指士大夫；其次，春秋时的战争虽多，但是规模都很小，不可能出现《孙子兵法》中所描述的宏大场面。因此《孙子兵法》可能是孙武的弟子根据孙武的思想编写的。因为这些思想大部分属于孙武的原创，所以书以孙武的名字命名。《孙子兵法》究竟是不是孙武所写，还有待于进一步的考证。

孙武著兵书

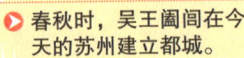
春秋时，吴王阖闾在今天的苏州建立都城。

最不可思议的军事未解之谜

马陵之战的主帅是谁

庞涓参与马陵之战了吗?
《史记》与《战国策》的记载哪个更接近真相?

▲《史记》中描述的庞涓之死

公元前343年末,齐国军师孙膑在马陵大胜魏军,使得魏将庞涓以及十万士兵全军覆没。这段故事在《史记·孙子吴起列传》中有着非常精彩的描述,并指明马陵之战中,魏国的主帅是庞涓。

但据1972年在山东临沂银雀山出土的汉简《孙膑兵法》记载,魏将庞涓早在马陵之战前10年(公元前353年)的桂陵之战中,已被齐军生擒。既然如此,他如何能在马陵之战中再任魏国的将军,指挥作战呢?

有的学者据此推测,马陵之战中指挥魏军的其实是魏国的太子申,而不是庞涓。早于《史记》的《战国策》在记载这次战争时也没有提到庞涓。

魏将庞涓是否曾参与马陵之战?是司马迁误解《战国策》、错记入史,还是庞涓被俘又释、再次上阵指挥?探究历史事实的真相,当进一步认真辨析。

▶ 孙膑在马陵一役中战胜的难道不是庞涓吗?

少年探索·发现系列

千古悬疑的秦始皇之死

秦始皇是病死还是被谋杀？
是胡亥杀死了秦始皇吗？

公元前210年，秦始皇死于第五次东巡途中。秦始皇死于何因？史学界有两种截然不同的观点：一说死于疾病，一说死于非命。

持死于疾病观点的人认为秦始皇早年患过结核性脑膜炎，后又得了癫痫病。公元前210年秦始皇东巡时，由于长途劳累和紧张引发了癫痫病。犯病时，他的头重重地撞到车内用来消暑的青铜冰鉴上，脑部受到撞伤，导致结核性脑膜炎复发，最后死于沙丘（今河北省内）。

而持死于非命观点的人以著名史学家郭沫若为代表。郭沫若认为，秦始皇在巡游途中确实重病复发，但意识很清楚，他写下了传位给长子扶苏的木简遗诏。而赵高却与李斯密谋传位给胡亥。胡亥得知后担心赵高、李斯发生动摇，便将一根铁钉从秦始皇的右耳钉入脑颅，使其死亡。

这两种观点的对错至今尚无定论。也许到秦始皇陵挖掘之时，我们便可以解开这个千古谜团了。

秦始皇死后，赵高与李斯秘不发丧。

最不可思议的军事未解之谜

起义领袖吴广猝死之谜

吴广是被谁所杀？
陈胜是杀死吴广的幕后指使者吗？

◁ 陈胜

公元前209年，一场席卷中国的农民大起义爆发，最终推翻了秦王朝。起义的领袖是陈胜和吴广，因此这次起义便被称为"陈胜吴广起义"。然而，正当起义斗争深入发展时，吴广被其部将田臧杀死了。关于吴广的被杀，学者们产生了不同的看法。有人认为，田臧和吴广在军事行动上存在分歧，无法统一。田臧为了战胜强大的秦军，假借陈胜之命杀了吴广，以求预定的军事计划能顺利实施。有人却认为，吴广之死与陈胜有关。吴广成为假王（代理大王）之后，与陈胜的关系变得紧张。因此可以推测，田臧杀吴广很可能得到了陈胜的默许。因为田臧在杀掉吴广后，将吴广的头献给了陈胜，并得到了陈胜的封赏。还有人说，田臧是个怀有野心的人，不甘久居吴广之下，因此杀掉吴广以取而代之。至今人们都不知道吴广被杀的真正原因。

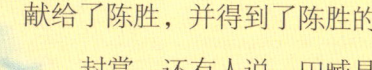

◁ 起义成功后，陈胜被吴广等人拥戴为王，国号为"张楚"。

少年探索·发现系列

项羽因何不肯过江东

江东指的是哪里？
项羽不过江东是因为愧疚之情吗？

秦灭后，项羽自立为西楚霸王，同时分封了18位诸侯，其中刘邦被封为汉王，统领巴蜀及汉中地区。不久后，刘邦挥军东出，联络诸侯，公开声讨项羽，拉开了楚汉战争的序幕。公元前202年，项羽战败，逃至垓下（今安徽灵璧东南），被汉军重重围困。深夜时，他听到汉军中传来阵阵楚歌声，以为楚地已被汉军占领，不觉泣下。但项羽并未放弃，他乘黑率领800余人骑马突围。天亮后，汉军发觉，立刻派5000人追击。经过一路厮杀，跟随项羽的军士已只有百余骑。至阴陵时项羽被汉兵追及，这时他身边只剩28人了。最后，项羽来到乌江。乌江亭长备船要送他过江，但项羽却不愿渡江，而是下马杀数百汉军后自杀身亡。

从《史记·项羽本纪》中乌江亭长的话里我们可以知道，当时江上只有乌江亭长这一条船，项羽如果上船的话是完全可以逃脱的。并且江东"地方千里，众数十万，亦足王也"。有这么好的机会，项羽为何要放弃，而要选择悲壮地自刎呢？

◆ 项羽

◆ 安徽灵璧是项羽兵败之处。

最不可思议的军事未解之谜

大多数人认为，项羽不肯过江东是因"虞姬死而子弟散"而心灰意冷。《史记》记载："项王笑曰：'天之亡我，我何渡为！且籍与江东子弟八千人渡江而西，今无一人还。纵江东父兄怜而王我，我何面目见之？'"由此可见，

▲ 项羽见大势已去，自刎于乌江。

项羽是因为部众战死而怀有愧疚，心灰意冷而自刎的。但也有人对此表示怀疑。因为项羽自固陵战败后，连连败退至垓下，垓下突围又逃往东南，一直逃至乌江边。由此可见，他早有退守江东之意。如果说项羽是因愧对江东父老而自刎，那在垓下之围时他就会自杀，为何要组织突围？况且直到仅剩28人时，项羽也没有放弃，还做了一番斗争。为何在最后关头他会突然觉得"愧对江东父老"呢？2000多年来，项羽的悲壮故事令人难以忘怀，无论是文人骚客还是历史学家都给予了极大的关注，但至今人们对项羽自刎的真相仍难有定论。

▼ 刘邦在垓下之战打败了项羽后，于公元前202年正式称帝。

军事档案 Military

项羽的少年壮志

项羽（公元前232—公元前202年），名籍，字羽，楚国名将项燕之孙。他身高八尺，力能扛鼎。一次项羽见秦始皇出巡渡钱塘江时，其车马仪仗威风凛凛，便脱口说出自己可以取代他。后来，项羽果然成为反秦义军首领。

韩信谋反之谜

> 韩信真的准备谋反吗?
> 告发韩信的人出于何种目的?

韩信是秦末汉初的军事家,以其赫赫战绩,为汉朝的建立立下了功勋,从而跻身于西汉开国元勋的行列。宋代史学家司马光对韩信的功劳曾作过这样的概括:"韩信首建大策,与高祖起汉中……汉之所以得天下者,大抵皆信之功也。"然而,韩信最终却以"谋反"之罪被处死。韩信是否谋反,扑朔迷离,真假难辨。历史学家一直对这件事存有争论。较普遍的看法是,韩信确因谋反而被杀。韩信与握有重兵的边将陈豨约定,里应外合,准备叛乱。但由于被家里一个舍人的弟弟告发,事败被杀。可有的学者却认为,韩信并没有谋反之心。在秦亡汉兴的过程中,他多次援救刘邦于军情危急之时,拒绝自立为王的劝诱。而且,告发韩信的人是韩信的一个舍人的弟弟。当时那个舍人触怒了韩信,要被韩信处死,因此这个舍人的家属才诬陷他。如果韩信真的想谋反,又怎么可能将如此重大的秘密泄露给一个舍人的弟弟呢?至今,韩信是否谋反仍是一个未解之谜。

◀ 韩信常为刘邦出谋划策。

最不可思议的军事未解之谜

诸葛亮用过空城计吗

诸葛亮真的用过空城计吗?
正史中为何没有诸葛亮用空城计的记载?

据《三国演义》记载,诸葛亮二出祁山时,曾被司马懿的15万大军围攻西城。当时,西城中只有2000多老弱病残的蜀兵,根本无法应战。诸葛亮便下令敞开城门,独坐在城楼上抚琴,自信之态吓退了魏15万大军,这就是有名的空城计。但是,近来越来越多的人提出,在历史上,诸葛亮并没有使用过空城计。根据《三国志·蜀书注》记载,诸葛亮二出祁山是在227年,当时司马懿正担任荆、豫二州都督,镇守宛城,与诸葛亮所率领的大军相距千里。因此,司马懿不可能率领大军与诸葛亮对阵。《三国演义》中的空城计只是艺术加工。实际上,三国时期使用空城计的事例很多,曹操和赵云都曾用过空城计,并在正史中有明确的记载。但正史中始终找不到关于诸葛亮使用空城计的例子。这似乎更加佐证了这个推断。诸葛亮到底有没有用过空城计,直到现在仍然是仁者见仁、智者见智。

▲ 诸葛亮

◀ 诸葛亮真的轻抚古琴便吓退了魏15万大军吗?

少年探索・发现系列

晋阳起兵的主谋是谁

李渊真的会反对晋阳起兵吗？
史书中是否夸大了李世民的功劳？

隋朝末年，社会动荡不安，多路起义军威逼陪都洛阳。这时，身为隋朝太原留守的李渊也乘机在晋阳起兵，直逼长安，并最终推翻隋朝，建立了唐朝。史书上记载的晋阳起兵的主谋基本上都是李世民，而李渊则是糊里糊涂地走上了反叛的道路。在这些记载中，李世民处心积虑，多方谋划，准备起兵，而李渊却夜以继日与好友裴寂等吃喝赌博。可见，父子二人在对待起兵问题上，一个积极，一个消极，一个多方准备，一个毫不关心。但有很多人认为，上述说法是不可信的。因为李世民是以不合法的手段登上皇位的，为了给自己的即位寻找合理的解释，所以在他统治时期所编的两部史书《高祖实录》与《太宗实录》里掩盖了父亲李渊的功劳，而夸大了自己的功劳。晋阳起兵的主谋究竟是谁？学者之间仍存在着激烈的争论。

▼ 李世民

◀ 是李世民领导了晋阳起兵吗？

最不可思议的军事未解之谜

屈底波是否侵入过中国

屈底波是什么人？
715年时屈底波还在世吗？

▷ 唐朝飞天雕塑明显地带有西方特征。

屈底波是阿拉伯帝国倭马亚王朝将领。他出生于苦国（今叙利亚）。696年，阿拉伯国内发生反抗运动，总督哈贾吉被围，屈底波应募参加镇压有功，从此在哈贾吉麾下任军职，备受宠信。据阿拉伯史学家陀跋里在其所著《编年史》中所载：705年，屈底波被任命为呼罗珊总督（中国古代称之为"大食东道使"），征服了中亚很多国家，并于715年征服了喀什噶尔（现在的新疆喀什），甚至企图深入中国内陆。据说屈底波在喀什噶尔期间，曾派人向唐朝皇帝通报，如果唐朝不向他俯首称臣的话，他将踏平中国领土。大唐皇帝派人送了一包土给屈底波，屈底波踩踏了一番，以示实现了他的誓言。但是国际上的许多著名学者并不同意这种说法。他们查阅了大量相关资料，认为在713年时屈底波已被部下所杀。所以715年屈底波进入中国喀什是虚构的，是个别阿拉伯人对东征大唐的一种幻想而已。到底哪种说法更可信呢？人们至今仍不得而知。

◁ 这是公元7世纪时阿拉伯人建造的清真寺。

少年探索·发现系列

马嵬兵变的主谋

唐玄宗为何要杀死杨贵妃？
是谁策划了马嵬兵变？

▷ 贵妃上马图

756年夏，反叛唐朝的节度使安禄山率军攻入潼关，唐玄宗被迫带着宠妃杨贵妃与众将逃往四川。当逃到马嵬驿时，保护皇帝的禁卫军发动了兵变，士兵们将对战争的怨恨发泄到了杨贵妃和她的哥哥杨国忠身上，认为是杨贵妃误君，杨国忠乱政，才导致了战争的发生。军士们先杀死了杨国忠，又逼迫唐玄宗缢死了杨贵妃，才平息了怒火。这件事使唐玄宗大受打击，不久之后他便将皇位传给了太子李亨，不再过问政事。究竟是谁策划了马嵬兵变呢？学术界流传着三种观点：一种观点认为，兵变纯粹是因禁军饥疲不堪而引起的，主谋是大将陈玄礼。一种观点认为，兵变是太子李亨为夺取政权而发动的，真正的幕后指使人应当是太子本人。还有一种观点认为，高力士是真正的主谋，陈玄礼受高力士的委托，杀死杨国忠，逼迫唐玄宗缢死了杨贵妃。这些观点都有一定的根据，但又不足以令人信服。因此，马嵬兵变的主谋者至今仍是一个我们所看不清的背影。

◁ 马嵬兵变中，军臣逼迫唐玄宗处死杨贵妃。

最不可思议的军事未解之谜

解密真实的花木兰

花木兰真有其人吗？
花木兰姓花吗？

▼ 版画《木兰从军》

我国优秀的古代诗歌《木兰诗》描写了木兰代父从军的故事，诗中的主人公花木兰受到人们的景仰和歌颂。但历史上，是否真有花木兰其人呢？南宋词人程大昌根据唐代诗人白居易"怪得独饶脂粉态，木兰曾作女郎来"和唐代诗人杜牧"弯弓征战作男女，梦里曾经与画眉"的诗句，从而肯定花木兰确有其人。也有人认为，以上这些诗词只能说明后人喜爱花木兰这个英雄人物形象，因而将"木兰"写入诗中，但不足以证明真有花木兰其人。他们认为《木兰诗》应是当时流传于民间的一个故事，经许多无名作者的润色及民间艺人的传唱，成为有系统的故事诗，而花木兰则是被典型化了的人物。此外，花木兰的姓氏也是人们争论的话题。有的人经过考证，认为木兰姓魏，有的说姓宋，而多数人认为姓花。究竟历史上有没有花木兰这个人呢？如果有，花木兰到底姓什么呢？这些至今尚无定论。

▶ 豫剧中的花木兰

杨宗保身世之谜

杨延昭的儿子是杨宗保还是杨文广？历史上真的有杨宗保这个人吗？

宋代《杨家将》的故事可谓家喻户晓，妇孺皆知。据故事中讲，杨家三代忠烈，第一代是杨令公，第二代是以杨延昭为代表的"七郎八虎"，而第三代则以杨宗保为代表。但历史上是否真有杨宗保其人，杨宗保是男是女？众说纷纭，莫衷一是。有的人认为历史上没有杨宗保其人，杨延昭的儿子应该是杨文广。这一观点的根据是《宋史》上没有杨宗保是杨延昭儿子的记载。他们认为，那些认为杨宗保确有其人的，是将史书中杨延昭之子杨文广当作杨宗保了，这是将史实与民间故事相联系而得出的错误结论。他们进一步认为，把杨文广当作杨宗保，无非是文人的杜撰，是不足信的。《宋史》成书于元末，而《杨家将》成书前的传说则始自北宋时期，因此，两方面的材料均有可参考的价值。看来，杨宗保是否真有其人，还需我们进一步研究、考证。

▲ 杨宗保与穆桂英

◀ 《杨家将》故事插图

最不可思议的军事未解之谜

宋江被招安的真相

宋江被招安了吗？
《水浒传》中宋江被招安的情节有历史根据吗？

北宋末期，朝政腐败，百姓生活苦不堪言，起义一触即发。北宋宣和元年（1119年），宋江在河北起义。相传宋江最初起义时只有36人，因专门打击贪官污吏，很快得到了百姓的响应，队伍迅速壮大。起义军不久便离开了最初的根据地梁山泊，转战山东、河北、河南之间。1121年2月，宋江率领起义军在海州（今江苏连云港）遭到宋朝军队的包围，损失惨重。此后关于宋江起义军的下落有两种说法。有人说，1119年12月，宋王朝下诏对宋江起义军招安，但起义军并没有投降。正巧东南爆发了方腊起义，宋王朝暂时无暇对付宋江起义军，起义军乘势转战于京东各地，对宋王朝的统治构成了一定的威胁。也有人说宋江接受了宋朝的招安，后来参加了镇压方腊起义的征讨军队。我们耳熟能详的《水浒传》中便选取了这种说法，因此这种说法得以广为流传。但从历史真实性的角度来看，宋江有没有接受朝廷的招安，现在仍无法确定。

宋江真的带领众弟兄接受招安了吗？

宋江

岳飞被害与墓址之谜

杀害岳飞的元凶真是秦桧吗？
岳飞的尸骨葬于何处？

1142年1月24日，抗金英雄岳飞、其子岳云、部将张宪等，以"莫须有（也许有）"的罪名被杀害，留给了人们无限的思念。到岳飞庙中悼念岳飞的人们都要唾骂奸臣秦桧。岳飞为秦桧所害的说法在人们心中已根深蒂固。但最近却有人提出，杀害岳飞的元凶并不是秦桧，而是南宋皇帝赵构。在当时，秦桧并没有杀岳飞的权力，他虽备受宠信，但也不能恣意铲除异己。而且岳飞之案又称为"诏狱"，程序严密，外人无法插手。这样，即使秦桧权力再大，公开"矫诏"杀人也是不合情理的。此外，秦桧及刑部主审岳飞一案时，曾上书定岳飞、张宪死罪，但并没有定岳云死罪。可上书赵构后，岳云也没有能幸免于难，由此可见生杀大权还是掌握在赵

△ 岳飞

▽ 后人为纪念岳飞所建的岳王庙

最不可思议的军事未解之谜

▶ 抗金英雄岳飞大战夷将。

构的手中。还有一点不容忽视，秦桧死后，赵构对许多秦桧所主持的案件做了改判，唯独对岳飞一案迟迟不肯平反。当朝许多大臣请求为岳飞昭雪，而赵构依然置之不理。有些史学家由此推断，岳飞之死很有可能是出自赵构的本意，而不是被秦桧所设计。

史学界除了对杀害岳飞的元凶争论不休外，对岳飞的尸骨埋葬地点也众说纷纭。大多数人认为，岳飞被埋葬的地方在杭州栖霞岭的岳飞墓前，因而后人多在此凭吊这位抗金名将。但是，这个地方是不是真正的岳飞埋葬地，却始终是历史上一个争论不休的话题。在民间传说中，杭州众安桥附近被认为也有可能是岳飞下葬的地方，那里是南宋临安城中比较繁荣的地方。清朝道光十三年（1833年），杭州府司狱吴廷康经过多方查证，正式确定众安桥附近为岳飞的埋葬地，并且筹集大量银两营建岳飞墓、岳飞庙，又刊印了《岳忠武王初瘗》，在当时影响很大。但是也有一些历史资料记载，岳飞被杀害后，临安义士隗顺冒着生命危险，将岳飞的尸体背出城外，埋葬于九曲丛祠旁。为了便于以后识别，隗顺将岳飞随身佩带的玉环系于遗体腰下，后来又在坟前种植了两棵橘子树。岳飞墓到底在哪里？栖霞岭？众安桥附近？还是九曲丛祠旁？真是很难说清道明。

▶ 宋代蒺藜火球

军事档案 Military

岳飞简介

岳飞（1103—1142年），字鹏举，谥武穆，后改谥忠武，河北（今河南）相州人，南宋著名军事家，抗金名将，曾率领岳家军多次击退金朝南侵。1141年，他被招回临安，解除兵权，并以"莫须有"的罪名于1142年被害。

141

少年探索·发现系列

石达开因何兵败大渡河

石达开大军的战况为何急转直下？
石达开为何没能及时渡过大渡河？

1857年6月2日，石达开因天王洪秀全的猜忌离开天京，前往安庆。他出走后，太平军将士纷纷离开洪秀全，投奔到他的麾下，很快石达开聚集起了几十万人，在江南各省同清军作战，几乎战无不胜。1860年，他攻克南宁时，手下还有精兵20多万。他计划分兵三路，北上四川，占天险之利，退可守，进可攻。不料此后形势急转直下，石达开全军覆没在大渡河边的紫打地。石达开惨败的原因到底是什么？有人说是石达开此时喜得一子，他传令犒赏全军三日以示庆贺，故未能及时渡河。就在这几天里，清军逼近大渡河北岸，而又恰好遇到大渡河河水暴涨，因此三日后石达开再想渡河已是难上加难，他勉强强渡了两次，但都告失败，且损失惨重，导致最终兵败大渡河。征战沙场多年的石达开真的会犯这种幼稚的错误吗？如果不是如此的话，石达开又为什么会一败涂地呢？军事学者研究多年，仍没有给出令人信服的答案。

▼《清军与太平军交战图》

探究**明太子**的命运

明太子逃出京城了吗？
明太子真的落入了吴三桂的手中吗？

△ 故宫角楼

我国古代皇帝及其子女地位尊贵，过着锦衣玉食的生活。但也有例外，比如明朝末年崇祯皇帝的太子朱慈烺就是历经磨难、生死未卜。1644年3月18日，农民起义领袖李自成率农民起义军兵临北京城下，崇祯皇帝召见他的三个儿子（太子、永王和定王），命他们换上百姓服装，由太监护送出外逃生，以期日后光复大明基业。次日，李自成进城，崇祯帝自缢而亡。此后，朱慈烺的下落引起各方关注。其间，各地均曾冒出一些假太子案，但最终都被查明，而真太子的下落则成为中国历史上的一桩奇案。民间流传着很多种关于太子结局的传说：有人说他出逃时被李自成抓走了，后来可能交给了投降清军的明朝将领吴三桂，而吴三桂将其秘密处死了。有人说太子经历了世事的大起大落后，看破红尘，出家当了和尚。还有人说太子在逃走的过程中被起义军发现，当场被乱军所杀。由于没有史书的记载，因此太子的下落最终成了一个解不开的谜团。

▷ 崇祯帝

吴三桂降清之谜

吴三桂为何会投敌叛国？
吴三桂真的是"冲冠一怒为红颜"吗？

明朝末年时，明军和清军之间连年征战。明朝派大将吴三桂驻守山海关。

> 吴三桂降清后，清军顺利入关。

山海关是军事要地，难以攻破，清军一直希望通过劝降吴三桂来攻入关内，但吴三桂始终拒绝降清。可没过多久，吴三桂却突然主动投降清朝，并带领清军入山海关攻打农民起义军，使清军最终大获全胜。吴三桂为何改变初衷，投降敌国呢？人们对此有不同的说法。

部分学者认为，李自成推翻了明朝的阶级仇恨是吴三桂投靠清朝的原因。1644年，李自成率部攻入北京，明王朝终于崩塌。此时尚在山海关的吴三桂，前有满洲兵虎视眈眈，后有起义军态度不明，他若继续同清军作战，无异于帮自己故主的死敌——李自成的忙，这是吴三桂所不愿意的，因此便投降了清军。

有的学者却认为，祖大寿等明将的投降才是吴三桂降清的原因。清军统帅皇太极爱惜人才，对明朝有才干的将领总是不遗余力地争取。明将祖大寿便是被他的诚心所感，投降了清朝。明末大将洪承畴刚被俘时曾一心殉国，但最终也被皇太

◁ 吴三桂的降清至今令人琢磨不透。

▲ 吴三桂率领手下官兵投降了清朝。

极的一片诚意所感动，投降了清朝。吴三桂是祖大寿的外甥，同时，他也是与洪承畴并肩作战的同僚，他们的投降，对吴三桂的降清有推波助澜的作用。吴三桂在面临前后夹击的情况下，做出了背叛已经灭亡的明王朝的选择，与自己先前崇拜的英雄降清有着极大的关系。

但更多的学者却认为，农民军在北京的过激行为才是吴三桂投降的根本原因。明朝覆亡后，农民军将昔日巨富吴三桂的家产全部没收。李自成的副将刘宗敏还将吴三桂的宠姬陈圆圆据为己有。吴三桂得知后勃然大怒，"冲冠一怒为红颜"，立刻下定决心调转马头，投降了清军，借助清军的力量攻打李自成。但不论何种原因，吴三桂的降清对中国历史形成的重要影响却是毋庸置疑的。

▼ 吴三桂像

山海关之战

1644年4月13日，李自成向吴三桂劝降不成，便率农民军主力开赴山海关。农民军三面包围山海关。但在三天后，一路农民军被清军击败，吴三桂乘机向清朝投降。22日，多尔衮兵分三路入关，大败农民军。

下落不明的闯王

闯王为何会莫名失踪?
"奉天王"和尚就是闯王吗?

▷ 李自成

明朝末年,闯王李自成扯起农民起义的大旗,推翻了明朝的统治。但不久后,清军杀进北京城。李自成节节败退,转战河南、陕西、湖北、湖南,最后竟莫名其妙地失踪了。李自成究竟去了哪里呢?有史学家认为,李自成在九宫山遇害了,那里也确实发现过一具尸体,但是并没有人能够证实那具尸体就是李自成的。还有史学家认为,李自成在湖南石门夹山寺出家当了和尚,法号"奉天王"。乾隆时期,澧州知州何璘曾巡视夹山寺,访问僧俗,后来写下《书李自成传后》一文,文中记载:"奉天王"即李自成僭号。20世纪80年代在寺西侧发掘到的"奉天王"和尚墓志铭使更多史学家肯定了这种说法。但也有人认为,这些文物只能证实有"奉天王"和尚这样一个人,但并不能证实他就是李自成。而且,在当时的历史条件下,李自成也不可能会像"奉天王"和尚那样抛头露面,到处去化缘。因此李自成的最终下落还是没有定论。

◁ 闯王攻破洛阳时曾开仓放粮。

146

年羹尧因何被杀

年羹尧是什么人？
雍正帝为何要赐死年羹尧？

年羹尧是清代康熙、雍正时人，曾平定西藏、青海叛乱，被封为一等公，权势显赫。但被封后没过一年，年羹尧便被雍正皇帝削爵赐死。年羹尧为何被杀，成为清史中的一个谜团。一些人认为年羹尧知道雍正的很多隐私，因此雍正帝便杀人灭口。学者孟森的《清代史》、王钟翰的《清世宗夺嫡考实》都支持这种说法。但有些人不同意这种说法，认为雍正继位时，年羹尧还在四川平乱，因此，并未参与，更不会得知内情。而根据《清史稿》所载，年羹尧是恃功自傲，为雍正帝所不容，以致被杀。此外，以乾隆时萧奭为代表的学者则认为，年羹尧被杀是因为他准备自立为帝。陈捷也在《年羹尧死因探微》一文中提道："羹尧妄想做皇帝，最难令人君忍受，所以难逃一死。"看来，雍正皇帝杀死年羹尧的真正原因还需要继续加以研究。

年羹尧奏折

少年探索·发现系列

真假难辨的李秀成降书

李秀成写过降书吗？
《李秀成自述》是曾国藩伪造的吗？

太平天国运动是清朝最大的农民起义，到后期时，出现了一个重要的领导人——忠王李秀成。他对太平天国后期的发展和战斗做出了重要贡献。当太平天国的京城被清军攻破后，李秀成被俘。被俘后的李秀成突然变节，在狱中写下了5万多字的认罪书，即后人所说的《李秀成自述》。但很多学者对李秀成降书的真伪问题提出了质疑，认为这篇由清政府宣布的降书很可能是伪造的。

◎ 太平天国的领导人洪秀全

1944年，广西通志馆的吕集义来到湖南湘乡曾国藩的老家，见到了"投降书"原稿，并进行抄录和拍照。学者罗尔纲先生根据这些抄本和照片，仔细鉴定，认为这篇《李秀成自述》确是忠王的亲笔。因为"原稿"清楚地描述了从金田起义到天京陷落14年间的每个过程和细节，这是曾国藩难以捏造的。罗尔纲的这一观点曾一度成为定论。

进入20世纪80年代之后，李秀成降书的真假问题再度引起人们的关注。以荣孟源为代表的学者认为降书是假的，并提出了以下几个观点：

首先，根据史料记载，李秀成的自述一共写了9天，每一天若干页，按照常理，全文应有8个间隔，但是

军事档案 Military

李秀成简介

李秀成（1823—1864年）出生于一个贫苦农民家庭，1851年参加太平军，由于作战机智勇敢，升为忠王。太平天国后期，他与干王洪仁玕等维持天国残局，是太平天国一位举足轻重的首领。

▲ 太平天国士兵与清军进行激战。

今天所见的《李秀成自述》"原稿"的影印本文字相连，每天都写到最后一页纸的最后一行字，看不出间隔。显然是曾国藩派人将李秀成的真迹汇抄在一起的。其次，"原稿"的写作形式也有问题。太平天国有严格的书写规定，而"原稿"的影印本中出现的"上帝""天王"等词并未避讳，这显然不是李秀成的习惯书写方式。第三，根据一些材料记载，李秀成当时写了5万多字，而今天的"原稿"影印本却只有36000多字，那少了的1万多字显然是被曾国藩删去了。但在影印本中，页码连贯，前后内容也完全相连，人为的痕迹十分明显，这就不可能是李秀成的亲笔了。这样一来，被后世争论了半个世纪之久的《李秀成自述》的真伪，至今还不能下定论。

▼ 曾国藩

◀ 忠王李秀成府

少年探索·发现系列

说法不一的洪秀全之死

洪秀全死于何时？
洪秀全是自杀还是病死的？

1864年6月1日，正值太平天国首都天京（今南京）在清军围攻下岌岌可危之际，太平天国首领洪秀全死于城内的天王府。由于原始材料记载不一，对洪秀全的死因史学界存在不同看法。大部分研究者认为洪秀全是"服毒自杀"的，所据史料主要有两条：一是曾国藩曾在奏章中写道："首逆洪秀全实系本年五月间，官军猛攻时，服毒而死。"另一条是清政府公布的《李秀成自述》记载："天王斯时焦急，日日烦躁，即以四月二十七日服毒而亡。"据此，史学界的大部分人认为洪秀全是服毒自杀的。但当时在洪秀全身边的幼天王洪福瑱在"自述"中却说："本年四月十九日，老天王病死了，二十四日众臣子扶我登极。"此外，20世纪60年代初藏在曾国藩后人家中的《湘乡曾八本堂·李秀成亲供手迹》中，也记述洪秀全为病死。这样，洪秀全究竟是自杀还是病死，便成为历史悬案。

1853年，洪秀全率众占领江苏南京，定为都城，改称天京。

邓世昌的殉职过程

邓世昌死于哪场战役？
邓世昌曾拒绝部下的援救吗？

清末民族英雄邓世昌在甲午海战中任"致远号"巡洋舰管带。1894年9月17日的大东沟海战中，邓世昌指挥"致远号"奋勇作战，但在日舰围攻下，"致远号"多处受伤，最终沉没，邓世昌也英勇殉职。关于邓世昌牺牲时的情形，流传着很多种说法。一种流行于民间的说法是，邓世昌在"致远号"被击沉后落水，他的爱犬奋力施救。邓世昌不愿独自生还，抱着爱犬沉入大海。但顽强的爱犬却仍是挣扎着将昏迷的邓世昌拖上岸，邓世昌醒来后，再次投入大海而亡。而据《清史稿·邓世昌传》记载，"致远号"沉没后，邓世昌落入大海，但并没有立刻被淹没。这时，他的部下抛来了浮水艇，但邓世昌却拒绝上艇，最终沉海殉国。另有《番禺县续志》记载，邓世昌在水中被侍从以浮水艇救起。

邓世昌

但他上岸后目睹众官兵丧生大海，痛不欲生，于是再次投入大海，以身殉职。当然，无论哪种说法是正确的，人们都会永远记住邓世昌高尚的民族气节。

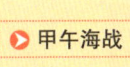
甲午海战

谁暗杀了吴禄贞

吴禄贞是因私仇而被杀的吗?
袁世凯是暗杀吴禄贞的主谋吗?

吴禄贞是湖北云梦人,他于清光绪二十四年(1898年)去日本学习军事时加入了兴中会,开始了反对清朝政府的革命生涯。光绪二十八年(1902年),吴禄贞回国,在清朝军界任职。武昌起义爆发后,他加紧活动,准备在北方发动起义。宣统三年(1911年),他在石家庄被人暗杀。究竟谁是这桩血案的主使者?长期以来流传着很多种说法。有人说吴禄贞因为个人私仇而被杀。有人说是清朝政府派人暗杀了他。因为清政府对他的革命活动有所察觉,所以先授予他山西巡抚的职位,使其放松警惕,然后暗中派人杀害了他。还有一种较为确切的说法是,杀害吴禄贞的人是袁世凯。因为袁世凯深知吴禄贞有胆略、有才干,而且既有政治野心又倾向革命,因此对他又嫉又恨。到底是谁暗杀了吴禄贞呢?这个问题直到现在仍然被人们争论不休。

◤ 反对清政府的革命军队

◀ 吴禄贞准备在北方发动起义。

最不可思议的军事未解之谜

军阀吴佩孚猝死之谜

吴佩孚死前为何会大叫、喷血?
吴佩孚是被日本间谍害死的吗?

▼ 吴佩孚生活时代的中国

吴佩孚(1874—1939年),字子玉,山东蓬莱人。他是北洋直系军阀首领,手握50万重兵。吴佩孚仇视共产党领导的工人运动,曾制造了镇压京汉铁路工人的"二七惨案"。因为吴佩孚不与日本政府合作,导致日本政府对他怀恨在心。1939年,吴佩孚因牙病拔牙,但日本医生却不打麻药就将他的牙拔了下来,吴佩孚疼痛难忍,之后便卧床不起。不久后,在一次日本医生为他复诊时,吴佩孚突然大叫一声,喷血而亡。因此,关于他的死因有两种说法:一种是"病死说",认为他是因为拔牙时感染了败血症或毒入神经,加之治疗不当,因而才会突然死亡。而持另一种观点的人则认为他是惨遭日本间谍的毒手。他们认为吴佩孚之所以会"大叫一声,喷血而亡",是由于日本间谍的谋害。吴佩孚究竟是怎么死的?在那个动乱的年代,没有人对此事做出深究,而现在想要查清事实的真相,更是难上加难了。

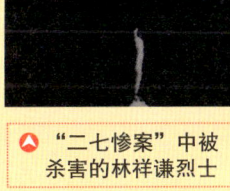

▲ "二七惨案"中被杀害的林祥谦烈士

图书在版编目（CIP）数据

最不可思议的军事未解之谜／龚勋主编．—汕头：汕头大学出版社，2012.1（2021.6重印）
ISBN 978-7-5658-0502-8

Ⅰ．①最… Ⅱ．①龚… Ⅲ．①军事史－世界－少儿读物 Ⅳ．①E19-49

中国版本图书馆CIP数据核字（2012）第003484号

最不可思议的军事未解之谜
ZUI BUKE SIYI DE JUNSHI WEIJIE ZHIMI

总 策 划　邢　涛	印　　刷　唐山楠萍印务有限公司
主　　编　龚　勋	开　　本　705mm×960mm　1/16
责任编辑　胡开祥	印　　张　10
责任技编　黄东生	字　　数　150千字
出版发行　汕头大学出版社	版　　次　2012年1月第1版
广东省汕头市大学路243号	印　　次　2021年6月第8次印刷
汕头大学校园内	定　　价　37.00元
邮政编码　515063	书　　号　ISBN 978-7-5658-0502-8
电　　话　0754-82904613	

● 版权所有，翻版必究　如发现印装质量问题，请与承印厂联系退换